中印兩國商業銀行
經營效率及
全要素生產率
比較研究

張華節、李標
編著

財經錢線

摘要

本研究主要考察銀行在不同的所有制類型或銀行上市狀態下可能對前沿模型產生的結構性影響,並對考慮了結構性差異的銀行成本或利潤前沿模型進行嚴格的統計學檢驗,以免遺漏重要解釋變量,使得銀行成本或利潤前沿模型估計產生偏誤。

首先,基於 Wang 和 Ho(2010)提出的無效率擾動項異方差固定效應隨機前沿模型對中印兩國商業銀行效率進行分析;其次,考慮到兩國銀行所有制類型、上市狀態等方面的不同,故在 Wang 和 Ho 的基礎之上考慮了可能存在的結構性差異,並進行了檢驗;最後,從利潤效率、成本效率、單位成本利潤效率以及 SFA-Malmquist(採用隨機前沿分析 SFA 與 Malmquist 指數相結合的方法測算的全要素生產率)全要素生產率的視角測度了 2009—2013 年中國境內 72 家商業銀行和印度境內 34 家商業銀行的效率。

根據上述思路,研究得出下列結論:

(1) 中印商業銀行無論是利潤效率、成本效率還是單位成本利潤效率模型,不同銀行的邊際效應表現出顯著的差異。因此,在模型設定中應考慮結構性差異,且資產穩定性和資產質量對利潤效率、成本效率和單位成本利潤效率均產生負面影響。

(2) 中國銀行業平均成本效率要高於印度銀行業;兩國銀行平均利潤效率基本保持穩定,且未表現出明顯差異。上市銀行和非上市銀行在平均利潤和成本效率上未表現出顯著的差異。當平均成本效率和利潤效率表現不一致時,象限圖給出了商業銀行的綜合效率排名。因此,中印商業銀行可考慮參考外資銀行的先進管理經驗和經營技術,並結合各自特點,充分發揮各自優勢,以提升銀行效率。

(3) 中國商業銀行的平均單位成本利潤效率水準略高於印度商業銀行,然而,中國商業銀行平均單位成本利潤效率呈現出輕微下降的趨勢。儘管中印

非上市銀行的平均單位成本利潤效率比上市銀行略高，但未表現出明顯差異。此外，印度私有銀行的平均單位成本利潤效率略高於印度公共銀行的平均單位成本利潤效率，且均較為穩定。印度私有銀行效率比印度公共銀行效率高，可能跟 2004 年年底印度政府放開外資對印度私有銀行持股比例有一定的關係。外資參股比例的增加，一定程度上會提升銀行經營、管理方面的水準。印度銀行在金融方面的諸多改革經驗值得中國銀行業參考，如由銀行根據自身情況自由選擇發放貸款的對象。然而，印度在取消部分限制的同時，又要確保銀行對農業和小型工業等弱勢對象發放貸款的最低比例。這一做法可能會在一定程度上降低印度銀行業的平均效率水準，但對經濟社會的發展起到了積極的支撐作用。

（4）綜合應用結構差異性的無效率擾動項異方差固定效應隨機前沿模型和 Malmquist 指數從動態角度測度了中印兩國商業銀行效率的變化情況。整體而言，在樣本期內，中國商業銀行的全要素生產率呈現上升趨勢，而印度商業銀行全要素生產率則出現了小幅波動。

關鍵詞：商業銀行；銀行效率；結構性差異；SFA；全要素生產率

目　錄

1　緒論／1
  1.1　研究的背景及意義／1
    1.1.1　研究背景／1
    1.1.2　研究意義／8
  1.2　文獻綜述／9
    1.2.1　國內外商業銀行效率研究文獻綜述／9
    1.2.2　中印商業銀行效率研究文獻綜述／26
  1.3　研究的方法及思路／30
  1.4　研究的創新／32

2　商業銀行效率理論及其影響因素分析／34
  2.1　效率的定義／34
  2.2　效率理論及商業銀行效率理論／36
    2.2.1　產權理論／36
    2.2.2　勞動分工與專業細化理論／37
    2.2.3　規模效率理論、範圍效率理論、X-效率理論以及前沿效率理論／38
  2.3　商業銀行效率影響因素分析／40
    2.3.1　宏觀影響因素分析／40

2.3.2 行業影響因素分析 / 42

  2.3.3 微觀影響因素分析 / 45

3 商業銀行效率測度方法 / 48

3.1 非參數研究方法 / 48

  3.1.1 數據包絡分析方法 / 48

  3.1.2 Malmquist 指數（全要素生產率）法 / 49

3.2 參數研究方法 / 50

  3.2.1 隨機前沿分析方法 / 50

  3.2.2 固定效應隨機前沿分析方法 / 51

4 基於 SFA 方法的中印商業銀行利潤效率和成本效率研究 / 52

4.1 效率模型設定和主要影響因素選取 / 55

4.2 成本效率和利潤效率實證研究 / 59

4.3 本章小結 / 84

5 基於 SFA 方法的中印商業銀行單位成本利潤效率研究 / 87

5.1 效率模型設定和主要影響因素的選取 / 87

5.2 單位成本利潤效率實證研究 / 90

5.3 本章小結 / 101

6 中印商業銀行 SFA-Malmquist 全要素生產率研究 / 103

6.1 SFA-Malmquist 模型設定與主要影響因素選取 / 103

6.2 SFA-Malmquist 全要素生產率實證研究 / 107

6.3 本章小結 / 109

7 研究結論與展望 / 110

7.1 研究結論 / 110

7.2 提升中國商業銀行效率的措施及建議 / 113

7.2.1 中國商業銀行面臨的挑戰及問題 / 113

7.2.2 對策及建議 / 114

7.3 研究展望 / 117

參考文獻 / 119

致謝 / 129

1 緒論

1.1 研究的背景及意義

1.1.1 研究背景

首先，隨著全球化進程日益加快，中國市場的大門也逐漸對外開放，外資銀行的准入條件得到進一步放寬，尤其是 2013 年 9 月 29 日中國（上海）自由貿易試驗區成立以來，中國境內先後成立了 11 個自由貿易區①，這一舉措對日後進一步開放國內市場進行了探索以及開放金融市場奠定了基礎。其次，中國當下繼續對部分效率低下的產業進行結構調整。再次，利率市場化也是未來中國金融市場發展的大勢所趨。最後，近年來金融脫媒的出現、互聯網金融的興起、消費金融領域在國內得到重視，設立民營銀行得到政府的許可（2014 年 5 家民營銀行獲批籌建）以及外資銀行在中國境內的設立和其經營等條件得到進一步放寬等，以上這些因素在一定程度上對中國銀行業的發展形成了不可忽略的衝擊。其中，衝擊較為嚴重的領域是消費支付領域——支付寶支付和微信支付因其便利性和普遍性而得到市場的認可，幾乎取代了曾經占壟斷地位的信用卡、儲蓄借記卡和現金支付。下面就中國整體經濟發展情形、中國金融業的基本現狀、以及銀行業在中國金融業中的重要作用進行簡析，並從中國和印度的相似性出發簡述研究中印兩國商業銀行效率對中國銀行業效率提升的意義。

圖 1.1 給出了 2014 年國內生產總值（GDP）總量排在全球前五位的國家 2001—2014 年的 GDP 數據。可以看出，美國一直雄踞第一位，中國從 2010 年開始首超日本成為全球第二大經濟體，中國在逐年縮小與美國 GDP 總量的差距的同時，與第三大經濟體日本的差距也在不斷擴大。從增量角度考察發現，

---

① 截至 2016 年 8 月 31 日。

2002—2014年除中國外，其他經濟體都出現過負增長，尤其是2009年，主要原因是受2008年美國次貸危機的影響，美國、德國和英國受影響較大，中國增長也有所放緩。然而，在中國政府4萬億元人民幣投資的刺激下，2010年中國經濟開始較大幅度地反彈。

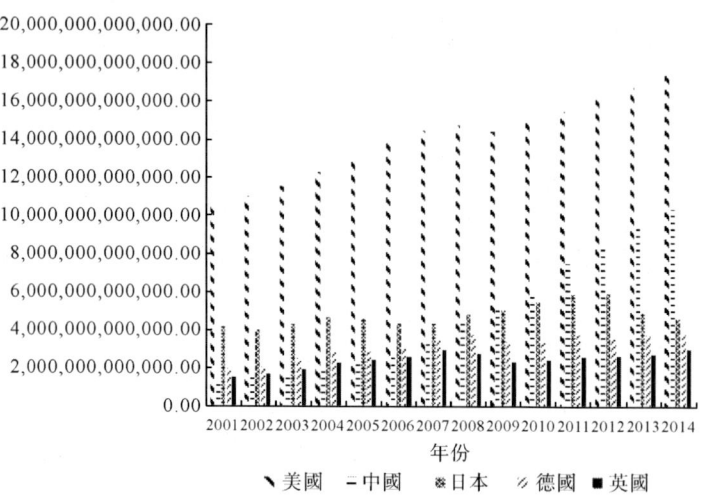

圖1.1　2014年GDP總量前五位的國家2001—2014年的GDP①

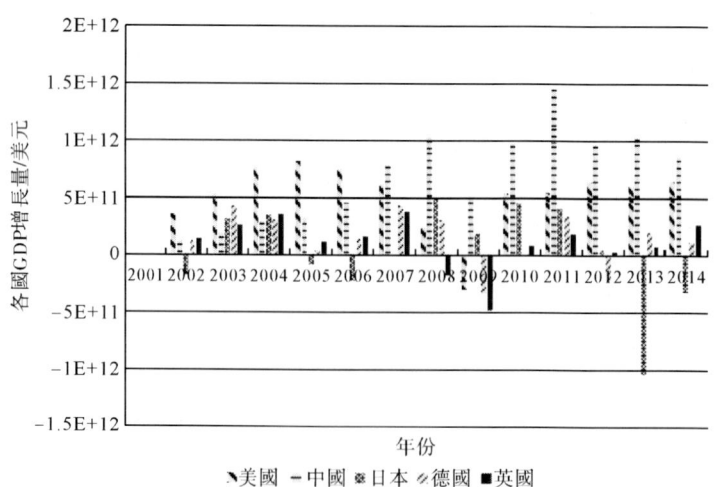

圖1.2　2014年GDP總量前五位的國家2002—2014年GDP增長量

---

① 數據來源於世界銀行網站、國家統計局網站、中國銀行保險監督管理委員會網站。

儘管中國在 2002—2014 年的經濟總量和增量均名列發達國家之列（見圖 1.2），且中國人均 GDP 也在逐年增加，然而，中國與上述發達國家相比仍有較大差距。圖 1.3 繪製了 2014 年 GDP 總量全球排名前五位的國家 2002—2014 年的人均 GDP。其中，中國 2014 年人均 GDP 排在全球第 80 位，與 GDP 總量排名嚴重不相稱，這也在一定程度上顯示出中國仍有較大的上升空間。

自中國 1978 年實行改革開放以來，中國國內生產總值持續快速增長，在人民生活水準的提高、綜合國力的提升以及在國際上話語權的獲取等方面取得巨大進步、成果豐碩。儘管中國在 2010 年成為僅次於美國的世界第二大經濟體，擁有較快的增長率和較大的 GDP 總量，然而，中國的人均 GDP 仍很低。例如，2014 年中國人均 GDP 在全球排第 80 位，為 7,590.02 美元，僅為人均 GDP 排在第一位的盧森堡的 6.51%，僅為美國的 13.89%、日本的 20.97%、德國的 16.38%、英國的 17.76%、法國的 66.67%、巴西的 21.74%、俄羅斯的 59.60%，是印度的 4.80 倍。

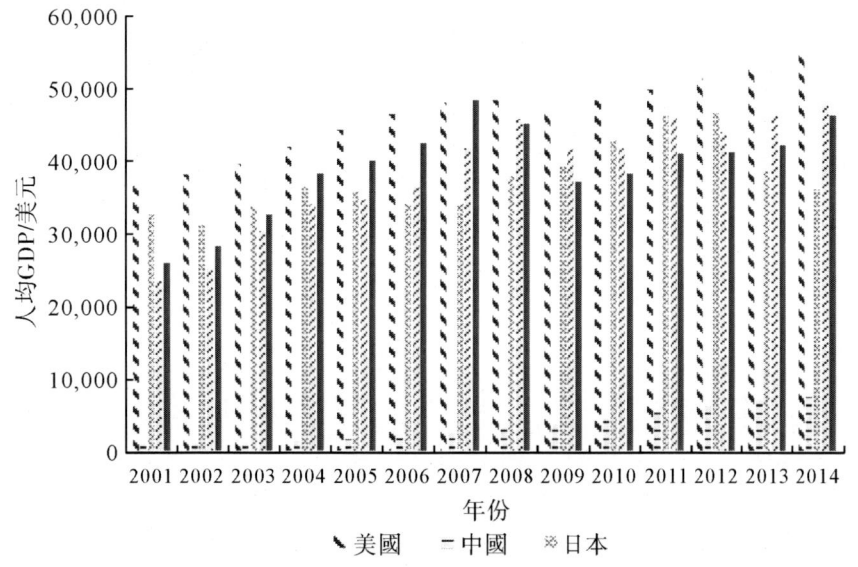

圖 1.3　2014 年 GDP 總量全球前五位的國家 2001—2014 年人均 GDP

中國經濟高速增長過度依賴投資和出口這「兩駕馬車」。此外，中國經濟高速增長在一定程度上是以犧牲環境為代價的，近年來，隨著國內資源、能源的大量消耗，勞動力成本不斷攀升，國際環境惡化等情況加重，中國經濟增速放緩。從圖 1.4 可以看出，從 2010 年開始，美國、日本、德國和英國的 GDP 增長率基本穩定，而中國的 GDP 增長率呈現出逐年下降的趨勢，從 2010 年的

10.63%下降到 2014 年的 7.27%。

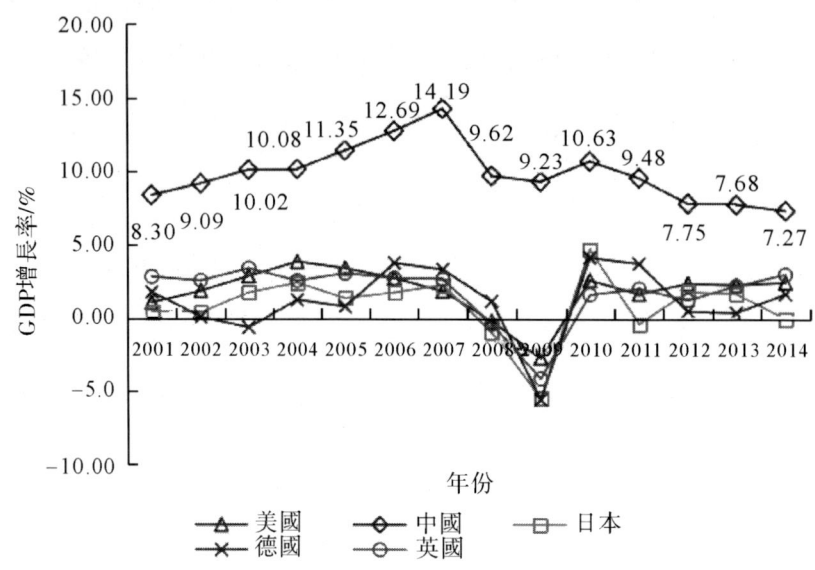

图 1.4　2014 年 GDP 總量前五位的國家 2001—2014 年 GDP 增長率

　　中國的經濟總量全球排名第二，具有較快的增長速度，但中國擁有世界上最多的人口，所以人均 GDP 低是個不爭的事實。因此，中國經濟發展任重而道遠。為更好地實現稀缺資源優化的配置，就必須堅持效率優先的原則，於是我們提出要進行產業結構調整，要從粗放型增長方式向集約型發展道路轉變。銀行業作為金融業的支柱，如何有效提高銀行效率也是一個具有挑戰性的課題。

　　圖 1.5 繪製了 2014 年 GDP 總量前五位的國家 2001—2014 年服務等附加值佔 GDP 的比例。儘管 2001—2014 年中國服務等附加值佔 GDP 的比例基本呈現逐年增加的趨勢，但增加幅度較小，且服務等附加值佔 GDP 的比例不到 50%，遠低於其他國家，例如，美國基本維持在 78% 左右。金融業在各國服務業中都佔據了重要地位。

　　在現代社會裡，金融業對任何一個國家或地區經濟的發展都起著至關重要的作用，金融業的發展水準在一定程度上影響甚至體現了一國或地區經濟發展的水準。作為世界經濟的核心產業之一的金融業，其通過有效地實現資本跨國流通並對資本進行優化配置，使得社會閒置資金得到有效利用，從而促進了經濟的增長。銀行業作為中國金融業的重要支柱性產業，其高效、快速發展對推動金融業的穩步前進起到了關鍵性的作用，同時也是國民經濟有效運作的基礎。儘管中國證券市場發展了二十多年，為社會、企業提供了融資平臺，為創

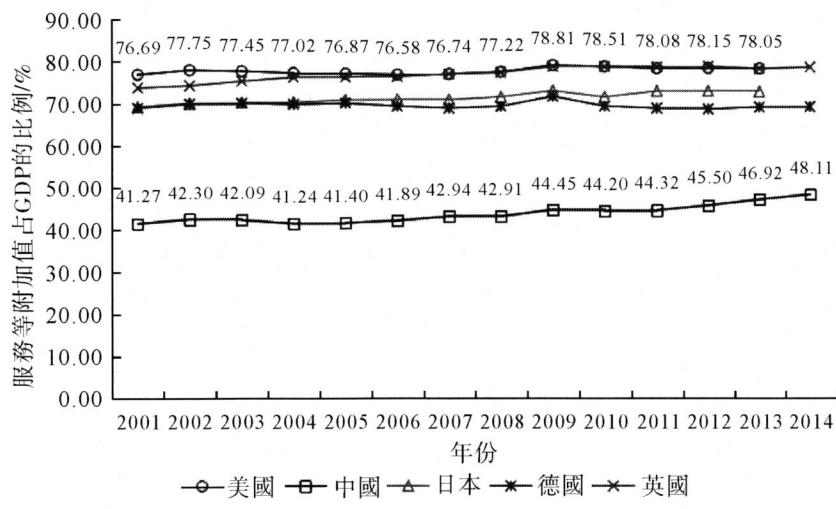

圖 1.5　2014 年 GDP 總量前五位的國家 2001—2014 年服務等附加值占 GDP 的比例

新型企業分擔了創業風險，其對中國金融業的發展起到了重要作用，然而中國目前的金融體系仍以商業銀行為主，商業銀行間接融資的方式仍為中國企業主要的融資渠道，且關係著中國經濟的命脈。因此，銀行業在中國金融行業中仍占據著舉足輕重的地位，商業銀行的穩定發展是中國國民經濟健康發展乃至整個社會的安定和諧的前提。商業銀行的基本職能是信用仲介，其充當資金需求和供給雙方的仲介角色，通過籌集社會閒散資金，並將資金配置到需求場所，提升資金配置效率，進而有效實現資金融通。

中國商業銀行至今經歷了多個階段。1948 年中國人民銀行成立，1948—1984 年中國人民銀行既要承擔中央銀行職能和對全國金融機構監管的職能，又要承擔辦理工商業信貸和儲蓄兩項業務的職能。為了更好地服務國內經濟發展和維護國內金融、社會穩定，國家對中國銀行體系進行了一系列的改革。

自 1984 年 1 月 1 日起，中國銀行業體系發生了巨大變化，中國人民銀行開始專門行使中央銀行的職能，其他職能，如工商業信貸和儲蓄業務由中國工商銀行全職執行。20 世紀 80 年代，股份制商業銀行以及大批城市信用合作社成立。城市信用社規模偏小、資金成本較高、內部體制不健全、股權結構不合理等原因致其抵抗風險的能力較弱。因此，為了增強城市信用社抵禦風險的能力，並更好地服務地方經濟健康發展，國務院於 1994 年下發通告，合併城市信用社成立城市合作銀行，1998 年考慮到新成立的城市合作銀行已經不再具備原有的「合作」性質，正式將其改稱為城市商業銀行。為了推進原有的國

家專業銀行向現代化商業銀行轉變，1994年3月成立了國家開發銀行，1994年4月成立了中國進出口銀行，1994年11月成立了中國農業發展銀行，這三家政策性銀行分別獨自承接了關於國家重點建設項目方面的融資、支持進出口貿易融資以及農業政策性貸款的相關業務，即獨立行使國家政策性信貸功能。

股份制銀行和城市商業銀行的興起，以及1997年亞洲金融危機的爆發進一步促進了中國銀行業改革的步伐。由於銀行業的穩定是中國金融穩定的必要前提條件，其中四大國有商業銀行又是中國銀行業的主要支柱，因此對四大國有商業銀行採取一系列的改革舉措非常必要。這些舉措主要包括：1998年通過發行債券對四大國有商業銀行進行國有資本注入；1999年四家資產管理公司接管了四大國有商業銀行的不良貸款，隨後通過發行新股以及引進國外戰略投資者，對四大國有商業銀行的所有者結構進行了改革，使得部分資產民營化；前文所提到的對城市商業銀行進行整合，監管機構進行相應的改制等。

由於銀行是一個經營貨幣的特殊企業，因此保持高貸款質量和風險管理能力是銀行的首要任務，這就要求銀行實行一系列的資產負債管理和信貸審批制等措施對銀行內部運行和監督機制進行了改革。

將國有商業銀行整體改制為股份有限公司並相繼掛牌上市，這一舉措對銀行的股權結構進行了優化，使其公司治理結構得到了改善，內部控制機制也得到了提升。

然而，隨著中國市場經濟的不斷發展，其對銀行業提出了更高的要求，尤其是中國2001年加入世界貿易組織後，外資銀行的逐漸遷入，迫使中國銀行業需要進行一系列的根本性改革措施加以應對。

圖1.6表明2013—2015年中國銀行業金融機構總資產分別為當年GDP的9.93倍、10.49倍、11.22倍，截至2015年年底，中國銀行業金融機構總資產達到7,593,234億元，其中大型商業銀行總資產分別為當年GDP的4.38倍、4.43倍、4.55倍。此外，圖1.6和圖1.7均顯示大型商業銀行總資產在商業銀行總資產中占了將近一半的比重，大型商業銀行總資產在銀行業金融機構裡佔有40%左右的比重，由此可以看出，大型商業銀行在中國銀行業佔有舉足輕重的地位。

圖1.6刻畫了2013—2015年中國大型商業銀行總資產的占比情況，其中，大型商業銀行總資產占銀行業金融機構的比例基本維持在40%以上的水準，大型商業銀行總資產在所有商業銀行總資產合計中占比超過50%。銀行業金融機構總資產是當年GDP的10倍左右，其中大型商業銀行大約為當年GDP的4倍以上且呈現逐年遞增的趨勢。由此可以看出銀行業在整個國民經濟中的地位，

以及大型商業銀行在商業銀行甚至整個銀行業金融機構中所占的位置。

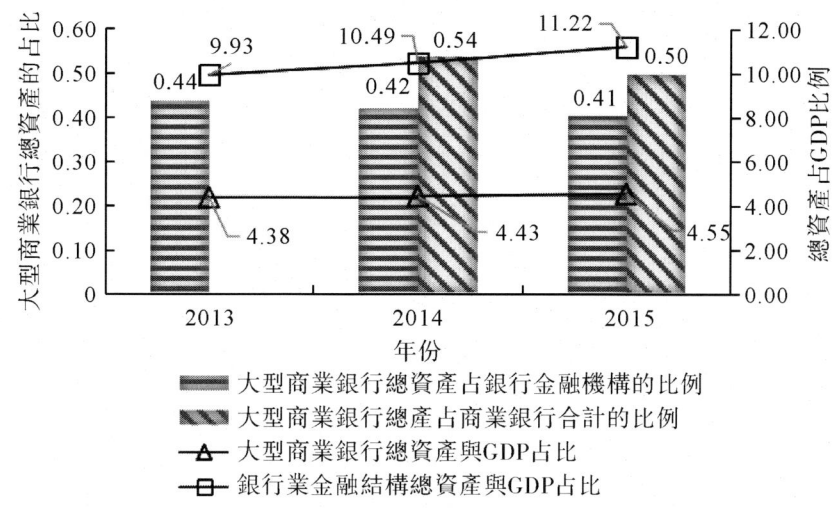

圖 1.6　2013—2015 年中國大型商業銀行總資產的占比情況

從不同類型銀行的資產負債情況可以發現，大型商業銀行總負債在 2013 年約為當年 GDP 總量的 4.09 倍，在 2014 年約為 4.12 倍，2015 年為 4.21 倍，總體呈現出小幅上升態勢。以 2015 年為例，商業銀行資產利潤率第一季度到第四季度分別為 1.29%、1.23%、1.20%、1.10%，2014 年為 1.40%、1.37%、1.35%、1.23%。大型商業銀行不良貸款餘額占 GDP 的比例，2013 年為 3.78%，2014 年為 2.64%，2015 年為 3.71%。圖 1.7 顯示了五大國有銀行在中國銀行業中的地位。

2010 年以來，中國 GDP 增長率呈現出逐年下降的趨勢，從 2010 年的 10.63%下降到 2014 年的 7.27%。從某種程度上來說，中國經濟發展已經進入了新常態。利率市場化已成定局；2014 年 5 家民營銀行獲批籌建；近年來隨著互聯網通信科技的發展，互聯網金融得到了空前發展；國內年輕人經濟實力欠缺導致其消費動力不足，消費金融的興起彌補了這一缺陷；政府通過放寬銀行准入門檻允許民營資本辦理銀行，這些因素在一定程度上對傳統銀行業發起了挑戰，銀行過去由於有政府的庇護，缺乏主動改革的動力，隨著國內銀行業市場競爭日益激烈，銀行業對外開放程度不斷加強，外資銀行管理技術不斷提升，將倒逼國內銀行業進行自我改革，激發其改革的積極性。

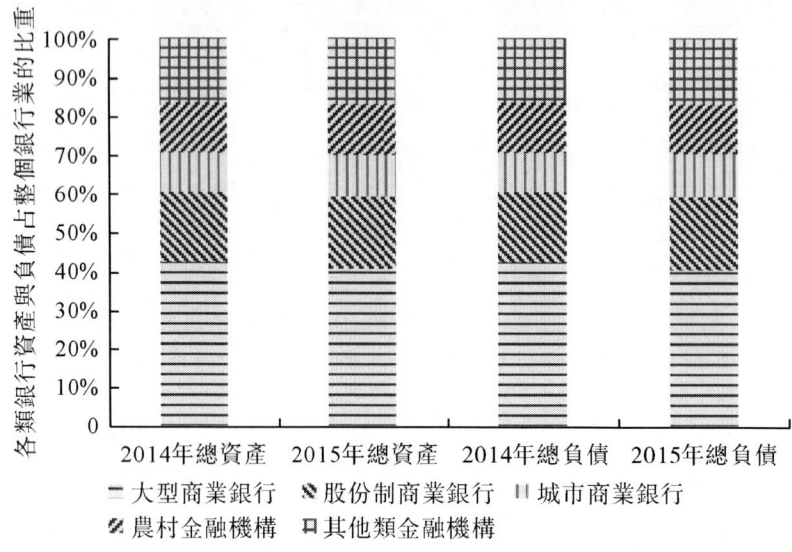

圖 1.7　2014 年和 2015 年中國不同類型金融機構資產與負債的分佈情況

銀行業仍為中國金融業的支柱產業，而金融業的穩定高效發展對中國經濟健康運行起著至關重要的作用。因此，對銀行業效率的研究無論是對銀行自身發展還是對銀行業監管當局都有一定的參考意義。本研究試圖通過實證分析來考察不同所有制類型銀行間的效率差距、銀行民營化戰略對銀行績效的影響情況為銀行提升效率提供參考信息。

1.1.2　研究意義

隨著當前全球經濟的發展下行和市場競爭的日益激烈，各類行業與企業在其外部的機會與威脅環境、內部的優勢與劣勢環境方面所面臨的各類成本、收入、利潤等方面的經營問題不斷顯現出來。探討企業的經營效率問題涉及企業競爭力的評價與績效管理內容，對豐富微觀經濟學、金融學、管理學和企業戰略管理的研究內容具有重要的理論意義，同時對促進企業的盈利以及可持續發展具有重要的現實意義。

當前，由於經濟發展以及地緣關係，中印兩國一些行業和相關企業的比較研究成為國內外學者關注的一個重點領域①。金融學對銀行業的研究作為國家整個金融體系的中流砥柱，起著服務實體經濟、促進國家經濟健康發展以及經濟平穩增長的重要作用。商業銀行是面臨金融風險經營貨幣的一類特殊的服務

---

① 萬阿俊（2011）對比分析了中印兩國銀行體系的演進與現狀，故本章不做贅述。

企業。通常，大家認為印度商業銀行的經營效率要遠高於中國。因此，發展應用數學與計量模型，測度和評價同為發展中國家的中、印兩個鄰近大國商業銀行的經營效率和競爭能力，通過對「龍」「象」兩國（國有銀行與非國有銀行）商業銀行的經營效率表現進行比較研究，為利率市場化改革下中國商業銀行的健康和可持續發展提出改進建議，這對管理學、計量經濟學的發展與其在金融學中的運用以及跨學科研究具有理論與現實意義。這是本研究的研究目的。

效率，簡而言之，即所得與所費的比例關係，其根本含義是既定投入下產出最大化或者既定產出下投入最小化。商業銀行經濟效率研究主要集中在規模效率和範圍效率、X-效率、成本效率和利潤效率方面。有關規模效率和範圍效率兩方面的研究成果總體來說是較為豐碩的，而對 X-效率、成本效率和利潤效率等相關演進所得到的相關模型和與之相對應的實證分析方面的研究一直是國外學者研究銀行的熱點領域，研究人員的不斷努力取得了一定的研究成效。國內研究人員在該領域從事研究工作的時間相對晚些。本研究項目要發展效率方面的定量模型，可應用到測度「龍」「象」兩國商業銀行競爭能力之中，是具有研究意義的。

由於不同成長階段的商業銀行所面臨的風險是不同的，且商業銀行的規模在一定程度上影響了商業銀行的盈利能力，與此同時它們在抵禦風險上又起到了一定的作用。

目前，銀行業普遍存在的一個問題是，關注將商業銀行做大，而忽略了將商業銀行做強。有鑒於此，本研究從商業銀行的規模和盈利能力兩個方面去考察如何做大與做強的問題，進而全面反應和提升商業銀行的競爭力。要研究「龍」「象」兩國商業銀行的規模效率和利潤效率及其變化，促使無效的商業銀行在未來發展中考慮自身的不足，通過向標杆銀行學習，選擇合適的發展戰略路徑，改善自身的績效管理和提高競爭力。

1.2 文獻綜述

1.2.1 國內外商業銀行效率研究文獻綜述

由於有關中印兩國商業銀行效率研究的文獻較少，故此處先對國內外商業銀行效率研究部分相關文獻進行梳理，再就中印兩國商業銀行效率研究文獻進行敘述，指出其不足之處。

1.2.1.1 國外商業銀行效率研究進展

Alhadeff（1954）較早地研究銀行的發展，以總費用比上信貸和投資之和得到的比率作為平均成本指標，研究了美國加利福尼亞州兩百多家銀行 1938—1950 年的相關數據，研究結果顯示在其樣本期間內，上述兩百多家銀行存在著遞增的產出規模效率和遞減的成本規模效率現象。Fairell（1957）認為商業銀行應屬於多投入多產出的一種特殊企業，提出採用前沿效率對銀行效率進行測度，其中前沿效率又包括純技術效率、綜合技術效率和規模效率等諸多效率。Leibenstein（1966）首次從 X-因素的角度引出了 X-效率，即銀行前沿效率，這是指在範圍和規模影響之外的其他所有未知的技術和配置所引起的效率。

Schweiger 和 McGee（1961）在銀行費用成本狀況的模型分析中將美國六千多家銀行總資產視為銀行產出，其最終研究結果顯示，單一制銀行的費用成本狀況呈現出規模效應，表明此類銀行費用成本會隨著此類銀行存款規模的不斷擴大而逐步呈現出一定的下降趨勢，然而，同一市場的分支行制銀行的成本費用規模效率沒有表現出顯著性改變。Beston（1965）通過應用柯布-道格拉斯（Cobu-Douglass）成本函數進行研究，其結論表明，對於規模不同、所處地域不同、所屬性質不同的商業銀行都存在著一定的規模效應，且大型商業銀行的規模效率主要受到勞動分工和專業細化的影響，同時在保持其他條件不變的情況下，商業銀行規模增加一倍時，其平均成本最低下降百分之五，最高可以下降百分之八。

Bell 和 Murphy（1969）的研究進一步證實了銀行業隨著其規模的不斷擴大而呈現出成本遞減或者銀行產出遞增的規模效率，其研究結論還表明規模較大銀行的規模效率主要是由勞動力的專業化細分所引起的。然而，Benston、Hanweck 和 Humphrey（1982）的研究結論表明，當他們採用超越對數生產函數所構建的模型分析單一銀行制銀行與分支行制銀行這兩類不同性質銀行的效率水準時，發現分支行制銀行的規模效率要比單一銀行制銀行的規模效率顯著。Bailey 和 Friedlaender（1982）認為銀行開展多元化業務經營和進行地域延伸在一定程度上可以降低銀行的固定成本、實現資源共享、規避業務風險，也可使客戶交易成本有所下降，進而可以降低銀行的平均成本費用，最終使得銀行的營運效率得到提升。然而這一措施僅適用於同一個國家或地區產品和業務構造均相同的銀行之間的比較；對於不同國家或地區，其經濟金融環境和金融發展程度不同，故針對不同國家間的銀行效率的比較可信度不高。亦可參見 Baumol、Panzar 和 Willig（1983），其具有類似的結論。Kolari 和 Zardkoohi（1987）根據美國銀行業務結構將銀行劃分為農村類銀行、城市類銀行、零售

類銀行和批發類銀行四種類型，通過其提出的範圍效率模型來考察劃分類型後的美國 600 多家銀行是否存在範圍效率，其研究結論顯示，對於上述四類銀行而言，在實現資源共享的同時，銀行業務種類越多，上述六百多家銀行的範圍經濟效率將越顯著。

Tichy（1990）研究結論顯示，銀行業並不存在所謂的最優規模，銀行業的兼併或合併對銀行成本效率與盈利效率所產生的影響在一定程度上會受到銀行規模大小的影響。Berger 和 Humphrey（1991）對 1984 年全美國所有銀行的效率進行了相應的研究，其結論表明監管機構對銀行管制的放鬆使得銀行間的競爭壓力劇增，銀行為了獲得更多的生存空間而採取一系列措施，導致銀行的成本費用並沒有隨銀行的規模和產出的增加而下降，最終銀行規模和產出的增加未能使銀行營運效率得到改善。

Berger 和 Humphrey（1991）通過對 1984 年美國所有銀行的無效率進行測度和分析發現，銀行無效率的測度與成本函數的「厚前沿」有關，且銀行的資產規模在一定程度上對銀行效率產生影響，即當銀行資產規模控制在一定範圍內時，資產規模的增加會引起規模效應，甚至會使銀行的平均成本不斷下降，然而當銀行資產超過一定規模時銀行反而會出現規模不經濟的現象，此時銀行的效率會隨銀行規模的擴大而不斷下降。類似地，McAllister 和 McManus（1993）研究結論表明，當銀行的資產規模保持在一定範圍內時銀行會存在較為明顯的規模經濟效應現象，相反地，當銀行資產規模超過一定的限度時，此時銀行的平均成本可能維持在某個水準，而非隨銀行資產規模增加而不斷下降。Berger、Hancock 和 Humphrey（1993）從美國銀行利潤函數中分離出投入無效率和產出無效率兩部分，再利用影子價格方法將投入無效率和產出無效率分解成技術和配置因素，其研究結論表明大多數無效率主要源於產出不足而非投入成本過高；上述大型銀行比小型銀行的效率更高。

Cebenoyan 等（1993）從代理理論的角度分析，通過運用兩步實證法對美國聯邦儲備系統所管理的小型銀行的效率進行度量和分析，其研究結論為此類銀行經營無效率與所有權的形式沒有明顯關係。Hermalin 和 Wallace（1994）對存款和貸款機構的效率和償債能力進行了相應研究。當機構缺乏對業務的掌控力時，證券機構比共同基金效率更低，反之亦然，即證券機構比共同基金更好地處理了「委託—代理」問題中所有者與經營者之間的矛盾，然而在處理股東和債權人（儲戶方）之間的問題時表現得較差。

Kaparakis、Miller 和 Noulas（1994）選用隨機成本邊界對超越對數成本函數的參數進行估計進而分析銀行效率問題，其研究結論顯示，隨著銀行規模不

斷擴大銀行效率一般會呈現出下降趨勢，其中無論是外資銀行還是國內銀行，其分支機構營運會增加銀行的成本無效率程度，然而從全球視角來看，分散風險和研發新的金融產品等方面可能使大型銀行具有更高的效率。Mester（1994）對美國200多家在經營環境、經營風格以及金融產品技術含量方面基本相同的銀行的經營效率進行了深入研究，其研究結論表明，全部研究樣本銀行的平均X效率值為7.9%，而銀行數量多的組的X-效率水準為6%~9%。Lang和Welzel（1996）對德國700多家銀行1989—1992年的範圍效率進行了研究分析，其研究結論顯示在其樣本期內，德國的小型合作銀行存在著明顯的範圍效率，然而德國的全能銀行卻不存在範圍效率。Miller和Noulas（1996）通過應用數據包絡分析法（DEA方法）分析研究了美國兩百餘家大型商業銀行1984—1990年的技術效率，其研究結論顯示，在其樣本期內，這些商業銀行的平均技術效率值遠遠低於研究時所處的預估水準，僅達到5%，然而，上述規模較大且盈利能力較強的銀行擁有更高的技術效率，並且上述大型銀行更傾向於在規模報酬遞減的情況下營運。Berger和Mester（1997）從效率定義、測度效率的方法、銀行數量規模、市場以及監管等特點出發，選取了美國數千家銀行作為樣本研究1990—1995年美國銀行業的技術效率，其中技術效率被劃分為成本效率、一般利潤效率以及替代利潤效率三個不同的效率。

　　Akhavein、Swamy和Taubman（1997）研究結論表明，商業銀行X-效率至少占銀行成本的20%甚至還要更多，他們的研究還發現其中有5%的成本是由銀行規模不經濟和範圍無效率所導致的。Peristiani和Stavros（1997）研究了美國銀行兼併對銀行X-效率和規模效率的影響，他們的研究結論顯示在銀行兼併2~4年後，銀行的X-效率出現了一定程度的下降。Akhavein、Swamy和Taubman（1997）對美國銀行業合併進行實證研究發現，銀行合併對銀行成本效率的提升有一定的作用，然而，Avkiran（1999）的研究結果認為，對銀行實施收購比對銀行實施兼併更具效率。Noulas（1997）對比分析了影響希臘國有銀行生產率與私營銀行生產率的主要因素間的差異，其研究結論顯示國有銀行生產率的增長主要是來自技術進步，而私營銀行生產率的增長則主要是來自效率的增加。Berger和Humphrey（1997）應用格蘭杰法分析了銀行不良貸款率對銀行的成本效率的影響程度，其研究結論表明不良貸款率的升高使銀行的成本效率降低。Langohr（1998）的研究結果顯示，新型技術的創新可以極大地降低銀行平均成本，從而提高銀行技術效率。Berger和Hannan（1998）從市場集中度的角度分析市場力量與降低銀行成本效率的關係，其研究結論表明，在市場集中下的銀行成本效率是通過傳統福利方式錯誤定價而導致的社會

損失的數倍。

　　Rogers（1998）研究顯示，銀行業務的多元化使得銀行中間業務的發展迅速，例如，致使銀行的非利息收入有所增加，所以，分析銀行效率時如果忽略了銀行從事非傳統活動的效率將會低估其效率，即如果將銀行的非利息收入視為分析模型的輸出項，銀行效率的估計值將會有所增加。Mpastor（1999）應用數據包絡分析方法（DEA方法）模型對西班牙1993—1995年的銀行業效率進行了深入分析，其模型研究結果顯示，在其樣本研究期內，西班牙銀行業的技術無效率主要源於其規模無效率。Tseng（1999）運用超越對數成本函數研究對美國加利福尼亞州1989—1994年所有銀行的規模效率和範圍效率，其研究結論顯示，1989—1991年加利福尼亞州所有銀行的規模效率和範圍效率均較小，然而1991—1994年全加州所有銀行的規模效率和範圍效率較為明顯。

　　Jackson和Fethi（2000）應用非參數邊界法中的數據包絡方法對1998年土耳其商業銀行效率進行了研究，並估計出土耳其個人銀行的技術效率，通過Tobit模型的使用找到了影響效率的主要因素，且分析了銀行規模、銀行分支結構的數量、銀行的所有制結構、資本充足率以及銀行盈利能力等因素與銀行效率的具體數量關係如何，同時還得出規模較大且盈利能力較強的銀行技術效率水準往往較高，然而，資本充足率對銀行效率的負面影響較為顯著。

　　Altunbas和Liu（2000）應用隨機前沿分析方法（SFA方法）分析了日本商業銀行的X-效率，並進一步考察了信貸質量和風險對X-效率的影響。Altunbas、Evans和Molyneux（2001）對歐洲主要銀行1989—1997年的X-效率應用傅里葉形式和超越對數形式兩種不同形式的成本函數模型進行了相應的研究，其研究結論顯示，在其樣本期間內這些銀行的X-效率的平均水準遠遠高於其規模效率的平均水準，高達20%~25%，並且市場狀況、銀行發展水準以及銀行資產規模均會影響到上述銀行的X-效率水準。DeYoung（2001）對美國7,000家商業銀行1993—1998年的銀行效率進行分析，其分析結論表明在其樣本期內，上述7,000家商業銀行地域範圍的擴張與銀行效率之間不存在有明顯的聯繫。Deyoung等（2001）對美國1988—1995年470多家銀行的營運效率進行了相應的研究，其研究結果顯示在其樣本期內，上述470多家銀行的業務擴展和地域範圍擴張對銀行的盈利水準並沒有顯著性的影響，然而有趣的是，將業務集中於某一個地區經營或跨州經營較多的銀行均有較高的盈利效率。Cavallo和Rossi（2002）對英國、德國、法國、義大利、荷蘭和西班牙這6個經濟較為發達的歐洲國家應用隨機前沿分析法（SFA方法），研究了這6個西方發達國家1992—1997年的銀行範圍效率，其研究結論表明，在其樣本

期内，无论这6个国家里的银行的性质如何、规模大小如何，这6个国家里的所有银行均存在著一定的范围效率。Isik 和 Hassan（2002）对土耳其银行应用随机边界分析方法（SFA 方法）研究了其成本效率和利润效率，其研究结论显示，在其样本期间内上述银行的平均成本效率明显低于其平均利润效率，且利润效率和成本效率之间的相关性不强，即从某个角度来说，土耳其银行成本效率并未因利润效率的提升而得到改善。Maudos 和 Pastor（2003）对 1985—1996 年西班牙的商业银行的利润效率与成本效率选用非参数方法进行了相应研究，其研究结论显示，在其样本期内，上述银行的利润效率水准显著低于其成本效率水准，其中替代利润效率低于一般利润效率。

Akhigbe 和 Mcnulyt（2003）研究了美国小规模商业银行 1990—1996 年的银行效率，其研究结论显示，在其样本期内，结构因素和费用偏好均是影响这些银行效率的重要因素。Drake 和 Hall（2003）应用非参数法分析了日本 140 多家银行的效率，其研究结论显示併购行为对上述大规模银行的效率影响是有限的，然而併购却能明显地影响到上述小规模银行的效率。Sathye（2003）对印度银行业使用数据包络分析方法研究了银行的生产效率，他还将印度商业银行分成了国有银行、民营银行和外资银行三类，并运用两个模型分别研究不同类型银行的投入和产出对银行效率的影响，其实证分析的结果显示印度商业银行的平均效率水准比民营银行的效率水准要高，然而却比上述印度国有银行和外资银行的效率水准要低。而 Weill（2004）应用自由分佈方法、数据包络分析方法以及随机前沿分析方法对德国、法国、瑞士、义大利、西班牙这 5 个欧洲国家银行的成本效率进行了度量和研究分析。其研究结论表明，在其样本期内，不同研究方法得到的有关银行效率的结论不具稳定性，即便是在参数模型中亦是如此。Bonin、Hasan 和 Wachtel（2005）运用随机边界分析方法（SFA 方法）研究了 1996—2000 年 11 个转型国家的 225 家银行银行所有权尤其是引进国外战略投资者对银行效率的影响，并在第二阶段的回归分析中使用效率测度和资产回报一起研究不同类型的所有权对效率的影响。其研究结论显示，在其样本期间内，当外资银行有外国战略投资者时，其成本效率比其他银行更高，与此同时外资银行业的服务更优质，而上述国有银行的服务效率比在这些转型国家中的第一批私有化银行的效率还要低。

Schure、Wagenvoort 和 Brien（2004）应用 TEA 方法（厚前沿分析方法）对欧洲 1,340 多家储蓄银行和 873 家商业银行 1993—1997 年的银行效率进行了研究，并分析了结构因素与管理不当对银行效率的影响程度，其研究结论表明，在其样本期间内结构因素只能使成本降低约 5%，而由管理不当所致的效

率降低約為總成本的 17%~25%，因此他們認為影響上述歐洲銀行效率的主要因素是管理不當。Maudos 和 Pastor（2004）研究了西班牙的商業銀行 1986—1997 年的成本效率和利潤效率，其研究結果顯示上述西班牙的銀行成本效率明顯高於銀行利潤效率。

Bonin 和 Hasan（2005）研究了銀行的產權結構對銀行 X-效率的影響。Sathye（2005）研究了印度商業銀行（可以拆分為國有銀行、私有銀行和外資銀行）的生產效率，其研究分析發現印度商業銀行的平均效率水準是高於世界的平均效率水準的，而國有銀行和外資銀行效率水準又高於私有銀行。Maggi 和 Rossi（2006）對美國和歐洲的商業銀行應用傅里葉彈性形式、超越對數形式和 Box-Cox 形式三種成本函數研究了 1995—1998 年商業銀行的效率，他們的研究結論表明，在其樣本期間內，上述大型商業銀行通過擴大生產規模這一舉措不一定能獲得較高的產出效率，即上述大型商業銀行的規模效率提升不顯著。

Kwan（2006）運用隨機前沿分析方法（SFA 方法）對香港的商業銀行的成本效率進行了相應研究，其研究結果顯示在其樣本期內，香港銀行業的 X-效率平均水準大約位於 16%~30%，此外，香港商業銀行的 X-效率水準隨著時間的推移而下降的現象表明香港商業銀行的營運成本比以往更接近其邊際成本，並且上述小型商業銀行的平均效率水準高於上述大型商業銀行的平均效率水準。Fiordelisi（2007）對英國、德國、法國和義大利的商業銀行 1997—2002 年的股東價值效率運用經濟附加價值分析方法（EVA 方法）進行了相應的研究，其研究結論顯示在其樣本期內，該四國商業銀行的平均股東價值效率水準為 36%，其通過研究上述四國商業銀行的股東價值效率來間接分析它們的利潤效率和成本效率。

Hirofumi（2009）考察了市場的紀律對銀行的成本效率和利潤效率的影響，研究結論顯示優質客戶存款對銀行成本效率提升有著明顯的促進作用。Kumar 和 Gulati（2009）應用數據包絡分析方法（DEA 方法）分別研究了 2006 年和 2007 年印度 51 家國內銀行的技術效率和影響銀行效率的主要因素，其研究結論表明，在其樣本期內，這 51 家銀行裡僅有 9 家銀行是有效率的，並將這九家銀行的技術效率水準視為印度銀行業的效率邊界，且這九家銀行的技術效率水準位於 50.5%~100%，其平均技術效率值為 79.2%，此外該研究還發現上述國有銀行和民營銀行之間的技術效率不存在顯著性差異，然而上述大型銀行和中型銀行之間的規模效率存在著顯著性差別。Mautin（2011）選用數據包絡分析法（DEA 方法）對尼日利亞的商業銀行 2001—2008 年的規模效率進

行了分析，研究了尼日利亞的商業銀行在合併前、合併過程中以及合併後規模經濟的變化情況，其研究結論顯示，在其樣本期內，平均來講，大多數銀行在銀行合併期間的 2 年裡擁有規模經濟的程度比銀行合併前的 3 年和銀行合併後的 3 年都要大，並且外資銀行的規模效率要高於其國內銀行的效率。

Akhigbe 和 McNulty（2011）應用固定效應模型研究了銀行委託代理監控效果，其研究結論顯示對代理監控所投入的資源越多銀行效率將越高且監控效果越明顯。Abdmoulah 和 Laabas（2012）對科威特商業銀行 1994—2009 年的技術效率和配置效率選用了隨機前沿分析方法（SFA 方法）進行了相應的研究，其研究結論表明在其樣本期內，科威特銀行業的平均效率水準為 80%，此外上述銀行規模的擴大和員工人數的增加都能有效提高銀行的效率。Eskelinen 和 Kuosmanen（2013）對 2007—2010 年的月度數據採用隨機半參數數據包絡法研究了當銀行分支機構隨時間變化、需求和經營環境均發生改變時銀行銷售團隊的效率如何變化，以及這種變化對銀行效率的影響。

Singh 和 Gupta（2013）認為當下的印度銀行業處於一個競爭激烈、不斷改革以及不穩定的大環境下，其亟需對自身的效率進行評估，因此該文對印度國有銀行、民營銀行以及外資銀行 2007—2011 年的相對效率水準選用數據包絡分析方法（DEA 方法）進行了相應的研究，並認為數據包絡分析方法（DEA 方法）可以有效地研究印度銀行業的相對效率。其研究結論表明，在其樣本研究期內，上述銀行的相對效率水準得到了提升，並且效率測度中的輸入變量和輸出變量的水準改變較為明顯；同時認為在 2009 年之後增長和投資是重要的輸出變量，然而資本、固定資產以及營運成本被作為主要的輸入變量。

Singla（2014）旨在確定影響印度銀行業的效率和生產力的決定性因素，並預測影響其效率和生產力的特殊因素，因此，該文選用兩階段非參數方法的數據包絡分析方法（DEA 方法）和 Tobit 迴歸模型分別對印度銀行業 2000—2010 年的營運績效和影響銀行效率水準的銀行特殊因素的關係進行了相應研究。

Tandon，Tandon 和 Malhotra（2014）認為任何一個經濟體的平穩運行的基本要求是擁有一個發達、高效率的銀行業，因此，該文對印度 44 家具有不同所有制結構的銀行 2009—2012 年的技術效率、規模效率以及純技術效率分別選用了前沿分析方法和 Tobit 迴歸模型進行了相應的研究，其研究結論表明在其樣本研究期內，上述 44 家銀行中有 7 家銀行的效率值位於效率前沿邊界上，並將其作為其他銀行的參考標準；此外，還發現無論是印度國有銀行、印度民營銀行還是外資銀行，在樣本研究期內它們的效率水準沒有發生太大的改變；

就技術效率水準而言，印度國有銀行和民營銀行的表現相當，然而外資銀行的規模效率水準在一定程度上得到了改善；在第二階段中應用 Tobit 迴歸模型分析影響上述銀行效率的主要因素間的關係如何，並發現非利息收入因素對印度銀行業效率的影響最大。Tandon 和 Malhotra（2014）除了樣本研究期從「2009—2012 年」變為「2010—2012 年」之外，研究方法和研究結論基本與 Tandon、Tandon 和 Malhotra（2014）的研究成果類似，故此處不再贅述。

Tzeremes（2015）對印度銀行業不同所有制結構的銀行 2004—2012 年的效率的動態變化選用了 Daraio 和 Simar（2014）提出的條件方向距離估計方法進行了相應的研究，其研究結論顯示在其樣本研究期內，外資銀行的效率水準要優於國有銀行和民營銀行的效率水準；在次貸危機之前還存在技術變革帶來的收益，而在該危機後這些收益減少的主要現象表明在國有銀行轉型後國有銀行不再具有較高的績效水準；最後還發現印度銀行業的技術效率水準會受到股權結構的影響。

1.2.1.2　國內商業銀行效率研究進展

魏煜和王麗（2000）應用數據包絡分析方法（DEA 方法）研究了中國商業銀行的三類不同效率，還對技術效率、純技術效率和規模效率分別進行了估算，最後該文還比較了國有商業銀行和其他新型商業銀行之間的效率差異情況。趙旭和凌亢（2000）研究了中國銀行穩定性和效率是如何互相影響的，他們的研究結論表明，銀行效率提高所帶來的好處要遠遠高於銀行倒閉而損失的福利，最後該文章指出當下應著重提高銀行業的營運水準。趙旭和周軍民（2001）採用單因素指標和綜合效率值兩種不同方法分析了國內外商業銀行的效率現狀，並對中、外商業銀行的效率差異進行比較，對進一步提高國內商業銀行效率水準的有效措施進行了探索性分析。秦宛順和歐陽俊（2001）利用數據包絡分析方法（DEA 方法）研究了中國商業銀行的效率水準，他們的研究結論顯示，中國商業銀行效率水準普遍低下，他們還發現四大國有商業銀行的效率水準較其他商業銀行的效率水準表現得更低，其文中還提到國有銀行的規模不當現象可能是其效率更為低下的首要原因。趙旭和蔣振聲（2001）分別從銀行規模經濟、技術進步、資源配置以及產權結構的角度綜合評價了中國國有商業銀行與新興股份制商業銀行的效率現狀，他們還對國有商業銀行較新興股份制商業銀行效率低下的可能性原因進行了探索研究。譚中明（2002）利用因子分析方法研究了十家國內商業銀行以及兩家中國境內外資銀行的效率水準，還分析了中國國有銀行效率低下的可能原因，其還試圖提出提升商業銀行效率的方法。趙昕等（2002）利用數據包絡分析方法（DEA 方法）測算了

中國商業銀行的效率水準，他們的研究結論顯示，中國工商銀行的效率是四大國有商業銀行中最高的。然而，其他三家國有銀行的效率幾乎接近於零，該文作者認為最主要的原因在於這些銀行結構複雜、規模龐大、營業費用率過高等問題。劉偉和黃桂田（2002）基於結構-行為-績效的分析框架探討了中國銀行業可能存在的問題及修訂思路，其研究指出中國銀行業存在的主要問題是國有商業銀行的產權結構較為單一化，並非銀行行業集中的問題。在當時的環境下中國銀行業的資產和市場份額基本上集中於少數國有商業銀行內，為有效避免潛在的金融風險，改革的側重點應集中於國有商業銀行的產權改革。

黃憲和王方宏（2003）主要從研究國有商業銀行效率提升的視角出發，對比研究了德國和中國的國有商業銀行與各自國內的除國有銀行外的其他類型的商業銀行的效率水準，並將影響國有商業銀行效率水準的因素進行拆分研究，其考慮的影響因素主要有銀行業市場競爭程度、商業銀行「委託—代理」程度以及銀行所有權結構等因素。周小全（2003）從產權結構和市場結構的角度對中國銀行業的效率進行研究，其研究結論表明國有產權的比重影響著以後的規模進而影響到銀行業市場結構，且指出將銀行產權結構和銀行市場結構結合起來考慮的模式是中國銀行業改革的方向所在。

張健華（2003）對中國12家商業銀行1997—2001年的銀行效率進行了分析，其研究結果顯示，在其樣本期間內上述中國股份制商業銀行效率最高，城市商業銀行效率最低；此外，中國銀行業不僅存在規模效率和範圍效率，還存在X-效率。向力力（2003）應用數據包絡分析方法（DEA方法）對中國光大銀行關於銀行併購與銀行效率進行了分析，其研究結果顯示併購後銀行效率先降後升。奚君羊和曾振宇（2003）運用參數估計法分析了中國商業銀行的效率，他們的研究發現四大國有商業銀行的效率水準要低於新興股份制商業銀行，他們還發現銀行成本與利率、非利息收入以及營業機構成本顯著相關，且對中國國有商業銀行效率低下的原因進行了分析。林炳文（2003）應用隨機前沿分析方法（SFA方法）和數據包絡分析方法（DEA方法）對臺灣地區47家商業銀行關於銀行併購與銀行效率進行了分析，其分析結論表明，在其樣本期間內無論應用隨機前沿分析方法（SFA方法）還是數據包絡分析方法（DEA方法）進行測算，均可以發現上述47家商業銀行的銀行併購與銀行成本效率正向關係不明顯。錢蓁（2003）應用隨機前沿分析方法（SFA方法）並採用科布—道格拉斯生產函數的成本形式分析了中國8家商業銀行1995—2000年的銀行效率，並研究了在其樣本期間內上述8家商業銀行規模、利息收入占其營業收入的比率，自有資本比率及產權關係對上述銀行效率的影響程

度。陳敬學（2004）應用隨機前沿分析方法（SFA方法）研究了中國15家商業銀行1996—2002年的銀行效率，並分析了其影響因素。研究結論表明，在其樣本期間內制約了上述中國商業銀行效率的提升的主要原因是規模無效率，而非管理無效率。陳敬學和別雙枝（2004）應用隨機前沿分析方法（SFA方法）並分別採用超越對數成本函數和柯布-道格拉斯成本函數兩種不同的函數形式對中國商業銀行1994—2002年的規模效率進行了分析。姚樹潔、馮根福和姜春霞（2004）應用隨機前沿分析方法（SFA方法）分析了中國22家商業銀行1995—2001年的效率，其研究結論顯示，在其樣本期內，政府過多地干預國有商業銀行導致國有商業銀行效率比股份制商業銀行效率要低，且上述中國商業銀行的效率呈下降趨勢。

李希義和任若恩（2004）應用數據包絡分析方法（DEA方法）對中國國有商業銀行1998—2001年的銀行效率進行了分析並預測其發展趨勢。劉志新和劉琛（2004）對中國14家國有銀行和股份制銀行1996—2002年的效率選用非參數方法中的自由分佈方法進行了相應的研究，其研究結論顯示上述四大國有商業銀行的效率水準比較低，上述股份制商業銀行中的上市銀行的效率相對處於一個較高的水準。林求和王治平（2004）應用數據包絡分析方法（DEA方法）對中國14家商業銀行1994年的運行效率和盈利效率進行分析，其分析結論顯示國有商業銀行的運行效率高於股份制銀行的運行效率，而股份制商業銀行的盈利效率則高於國有商業銀行的盈利效率，最後還發現上述中國商業銀行的運行效率和盈利效率之間不具有相關關係。朱南、卓賢和董屹（2004）應用數據包絡分析方法（DEA方法）分析了中國十多家商業銀行2000年和2001年的銀行效率水準，他們的分析結論顯示產權制度是制約上述十多家商業銀行效率提升的主要因素。

與周小全（2003）的觀點類似，吳鞾（2005）認為市場結構與產權結構的改革是同等重要的，然而，在具體措施的實施方面，其建議將股份制商業銀行與國有商業銀行同等對待，鼓勵股份制商業銀行通過市場環境和自身條件進行併購。郭妍（2005）對中國15家商業銀行1993—2002年的技術效率、純技術效率和規模技術效率選用數據包絡分析方法（DEA方法）進行了研究和測度。其研究結論顯示在其樣本期內，這些商業銀行的上述三種不同效率值主要受到它們的產權形式的影響。研究還發現影響不同性質的銀行的因素不盡相同，例如，資本充足率、市場份額占比和銀行在資源配置方面的效力對國有商業銀行和股份制商業銀行效率的影響均較大，然而費用比率、員工人數增長率、機構網點數量增長率對上述兩類銀行以及這15家銀行整體效率的影響效

果不明顯。謝朝華和段軍山（2005）對中國商業銀行2001—2003年14家銀行選用數據包絡分析方法（DEA方法）研究了銀行的X-效率，其研究結論顯示在其樣本期內，中國這14家商業銀行的整體效率值為74%，一般而言，上述上市銀行的平均效率值略高於國有銀行和股份制銀行的平均效率值。龐瑞芝（2006）的研究結果顯示，在中國境內銀行效率水準最高的是城市商業銀行，其次便是股份制商業銀行，國有商業銀行的效率水準是最低的，並呈現出一定的規模報酬遞減規律。遲國泰、孫秀峰和鄭杏果（2006）對中國14家商業銀行1998—2003年的三種效率選用數據包絡方法（DEA方法）和隨機前沿分析方法（SFA方法）進行了相應研究，其研究結論顯示在其樣本期內，這14家商業銀行的各類收入所對應的技術效率水準不高，上述股份制銀行的所有收入平均效率值均大於上述國有銀行的平均效率值。

王聰和譚政勛（2007）應用隨機前沿分析方法（SFA方法）研究了中國商業銀行1990—2003年的效率，並從宏觀因素、產權制度及市場結構的角度分析了其對上述銀行效率水準的影響程度，進一步探索分析了其影響機制，他們的研究結果顯示，在其樣本期內，國有商業銀行和股份制商業銀行的X-利潤效率水準在同一宏觀經濟環境下可能會存在結構性差異，並且銀行產權制度是造成該差異的關鍵性因素。徐傳諶和齊樹天（2007）應用隨機前沿分析方法（SFA方法）分析了中國14家商業銀行1996—2003年的成本效率水準和利潤效率水準，其分析結果顯示在其樣本期內，在提高商業銀行效率方面所有制改革起到了重要作用，在降低成本方面政府起到了重要作用，並且上述商業銀行有關部門控制成本的能力要優於其創造利潤的能力。楊大強和張愛武（2007）應用數據包絡分析方法（DEA方法）分析了中國商業銀行1996—2005年的成本效率水準和利潤效率水準，其分析結果顯示在其樣本期內，上述中國商業銀行存在著較為明顯的成本效率和利潤效率，且國有商業銀行的效率增速低於股份制商業銀行的效率增速。程巧玲（2007）應用數據包絡分析方法（DEA方法）和Malmquist指數模型分析了中國商業銀行在2003年和2004年的效率，其分析結果顯示在其樣本期內，股份制上市銀行效率優於股份制非上市銀行效率，而股份制非上市銀行效率水準又領先於國有銀行效率水準，且銀行業的整體效率呈現出不斷上升的趨勢。

邱兆祥和張嘉（2007）通過利用超越對數利潤函數替換成本函數構建新的銀行效率模型，並且在此基礎上將影響銀行效率的風險因素添加到超越對數利潤模型裡，選用隨機前沿分析方法（SFA方法）來研究中國商業銀行的利潤效率，其研究結論表明在其樣本期內，上述風險因素對銀行效率的負面影響

較為明顯，且股份制銀行的效率水準明顯低於國有銀行的效率水準。齊樹天（2008）對中國16家商業銀行1994—2005年的X-效率和規模效率選用隨機前沿分析方法（SFA方法）進行了分析，並檢驗了市場結構與銀行營運效率之間的關係，其研究結論表明在其樣本期內，這16家銀行的效率均有所提升，且上述股份制商業銀行的X-效率水準整體比國有商業銀行的X-效率水準要高一些，然而上述國有商業銀行的規模效率水準明顯優於股份制商業銀行的規模效率水準。趙永樂和王均坦（2008）對中國17家商業銀行選用數據包絡分析方法（DEA方法）研究了銀行的效率問題，從盈利能力、流動能力、抵禦風險能力、創新能力以及資源配置能力的角度構建相應的銀行能力模型，其分析結果表明在其樣本期內，上述中國商業銀行的效率能夠較好地被該文所構建的能力模型所解釋。邱兆祥和張愛武（2009）對中國商業銀行1999—2003年的X-效率選用無成本處置殼方法（FDH方法）進行了相應研究，其研究結論表明在其樣本期內，無論是從投入配置與技術效率水準還是從產出配置與技術效率水準等角度來看，用此方法得到的有效率銀行的數量要比採用其他方法估計出的有效率的銀行的數量要多，且上述14家銀行效率的平均值呈現逐年增加的態勢。陳敬學（2009）應用隨機前沿分析方法（SFA方法）分析了中國的14家銀行1997—2006年的利潤效率，其分析結果顯示在其樣本期內，上述中國商業銀行的利潤效率隨著時間的推移呈現緩慢提升的態勢。蔡躍洲和郭梅軍（2009）對中國11家上市商業銀行2004—2008年的銀行效率選用基於數據包絡分析方法改進的全要素生產率方法進行分析，其研究結論表明在其樣本期內，這11家上市商業銀行的全要素生產率有所下降，商業銀行股份制改革提升了上述11家上市商業銀行的營運效率。

宋增基、張宗益和袁茂（2009）對2007年中國14家商業銀行選用數據包絡分析方法（DEA方法）從優勢效率和劣勢效率兩個角度出發對中國商業銀行的綜合效率進行了研究，其研究結論顯示在其樣本期內，中國新興的股份制商業銀行的效率水準整體高於四大國有商業銀行的效率水準，且四大國有銀行的規模效率不明顯，但其與2003年四大國有銀行的效率相比有所提升。袁曉玲和張寶山（2009）選用基於數據包絡分析方法的Malmquist生產率指數對中國15家商業銀行1999—2006年銀行的全要素生產率進行了相應的分析，其研究結論表明在其樣本期內，中國這15家商業銀行的全要素生產率有下降的態勢，同時市場佔有率、國民生產總值增長率和固定資產投資增長率能明顯提升銀行效率，然而資產費用率、消費者價格指數（CPI）以及所有國有和大型民營企業的利潤增長比率與銀行效率呈負相關。王聰和譚政勛（2009）對中國

14家商業銀行1990—2003年的範圍效率、規模效率以及X-效率選用隨機前沿分析方法（SFA方法）進行了相應研究，進一步研究了商業銀行的產權制度、市場結構以及宏觀經濟環境因素對這14家商業銀行的效率的影響。其研究結論表明在其樣本期內，宏觀經濟環境因素對這14家商業銀行的X-利潤效率的影響方向不盡相同。此外，在同樣的宏觀經濟環境因素的條件下，對於上述國有銀行與股份制銀行而言，儘管這兩類商業銀行的X-利潤效率值存在一定的差距，但它們的X-利潤效率值都是逐年遞增的，且具有一定的規模經濟；上述國有商業銀行幾乎沒有範圍經濟，但上述股份制商業銀行還是存在著一定的範圍經濟的，從某種意義上來說商業銀行的產權制度和市場競爭程度對此影響較深，並呈現出一種互補態勢。

徐忠等（2009）重點分析了中國銀行業的市場結構和商業銀行的績效之間的關係。其研究結論顯示在其樣本期內，當商業銀行市場集中度越高時其營運效率就越低，然而當銀行市場份額占比越大時其營運效率也就越高，且不良貸款比率與未來市場集中程度呈現較強的負相關關係，換言之，商業銀行處於一個相對競爭的環境中將提高銀行資源的配置效率，進而能夠有效地提高商業銀行的盈利水準和營運效率。譚興民、宋增基和楊天賦（2010）對中國11家上市股份制商業銀行2006—2009年的股權結構與銀行績效之間的關係選用了混合式計量經濟學模型進行了相應的研究工作。其研究結論表明在其樣本期內，第一大股東持股比例較大、董事會的規模較大、股權集中程度較高以及控制能力較強均會對這些上市銀行的效率提升造成一定的負面影響，然而境外戰略投資者的引進和銀行所有權和經營權的分離狀況均使得上述11家上市股份制商業銀行效率得到適度提升或改善。張金清和吳有紅（2010）對中國14家商業銀行2001—2008年的效率選用隨機前沿分析方法（SFA方法）進行了相應研究，並分析檢驗了外資銀行的引進對上述14家商業銀行的營運效率的「閾值效應」，其研究結論表明在其樣本期內，「閾值效應」在外資銀行的引進程度方面得到了驗證，並且外資銀行的引進有利於上述14家商業銀行的營運效率的提升。

崔春燕和孫濤（2010）應用隨機前沿分析方法（SFA方法）分析了中國17家商業銀行的效率，其分析結果顯示，在其樣本期內，上述17家商業銀行的資產規模和規模效率之間存在著倒「V」字形的曲線關係。張健華和王鵬（2010）應用隨機前沿分析方法（SFA方法）研究了四大國有商業銀行、城市商業銀行和股份制銀行的全要素生產率，分別從金融體制改革、技術前沿、業務擴張、規模效率等方面對三類銀行進行了相應分析。周強龍和徐加（2010）

對中國 16 家商業銀行 2005—2008 年的技術效率選用數據包絡分析方法（DEA 方法）進行分析，研究了銀行盈利模式與收入結構對技術效率的影響，其研究結論顯示，在其樣本期內，上述 16 家商業銀行的整體效率不高，且銀行技術效率會隨著非利息收入占比的增加而遞減式提升。曾儉華（2011）對中國 13 家商業銀行 2004—2009 年的效率選用了 Malmquist 全要素生產率指數進行了相應的研究和度量，且分析了上述 13 家商業銀行的國際化營運是如何影響這些商業銀行的效率的，其研究結論顯示，在其樣本期內，上述 13 家商業銀行效率的提升受到銀行國際化經營的積極影響。王兵和朱寧（2011）對中國 27 家商業銀行 2004—2009 年的全要素生產率應用 Malmquist-Luenberger 生產率指數進行相應的研究。其研究結論顯示在其樣本期內，這些銀行的全要素生產率總體表現較好，增加固定資產的投資和引進外資銀行提升了這些銀行的全要素生產率。丁忠明和張琛（2011）應用數據變量分析方法對 2009 年國內外 15 家商業銀行的效率進行了相應研究，並且還研究了國內國有銀行與股份制商業銀行、國內商業銀行與國外銀行的效率之間的差異。其研究結論顯示在其樣本期內，中國商業銀行效率水準的提升可以通過完善公司治理結構、適度控制銀行規模以及研發新業務來實現。

姚樹潔、姜春霞和馮根福（2011）應用單階段隨機前沿分析（SFA）模型分析了中國 42 家銀行 1995—2008 年的成本效率和利潤效率，並分析了所有制效應、治理結構變化的選擇效應和動態效應。其分析結果顯示在其樣本期內，利潤效率能更好地反應上述中國銀行業的績效，同時，國有商業銀行的利潤效率要低於股份制商業銀行和城市商業銀行的利潤效率，此外，較強的選擇效應也反應了外國投資者投資利潤效率好的銀行的緣由，從長期來看，外資參股和銀行首次發行新股對銀行利潤效率均有負面的影響。張健華和王鵬（2011）運用隨機前沿分析方法（SFA 方法）從銀行盈利角度比較分析了中外主要銀行 2004—2008 年的運行效率，其分析結果表明在其樣本期內，上述商業銀行盈利效率與其全球系統重要性之間存在非線性關係，並對影響銀行效率的因素進行了探討。陳曉衛（2011）結合因子分析法和數據包絡分析方法（DEA 方法）對上市銀行效率進行分析，其分析結果顯示在其樣本期內，國有商業銀行效率較高，並在此基礎上應用 Tobit 模型對影響銀行效率的因素進行分析後發現，銀行的存款規模和較高的存貸比使得銀行效率提升。朱南、李軍、吳慶和 Wenli Cheng（2012）應用數據包絡分析方法（DEA 方法）對中國商業銀行的生產效率和全要素生產力變化進行了探討。陳福生和李婉麗（2012）對中國 13 家商業銀行 2004—2010 年的效率選用數據包絡分析方法（DEA 方法）進

行了相應研究和度量，進一步地分析了外資銀行引進對上述 13 家商業銀行效率的影響。其研究結論顯示在其樣本期內，外資銀行的引進程度與上述 13 家商業銀行效率之間的非線性關係呈現為倒「U」形。換言之，隨著外資銀行的引進力度的加強，其對上述 13 家商業銀行的效率的影響會呈現出先正向後負向的局面，也就是說外資銀行的引進要適度，即在最佳水準上時其對上述 13 家商業銀行效率的提升最多，該文提到儘管在上述樣本期間內外資銀行的引進有利於上述 13 家商業銀行效率的提升，但外資銀行的引進對上述 13 家商業銀行中的五大國有商業銀行和股份制商業銀行的效率的影響程度不盡相同，其中外資銀行的引進對上述股份制商業銀行有更大的衝擊。

鐘齊（2012）應用因子分析法分析了中國 16 家上市銀行的經營效率，其分析結果顯示在其樣本期內，國有商業銀行股份制改革後經營效率得到了明顯提升。程茂勇和趙紅（2012）選用隨機前沿分析方法（SFA 方法）對中國 58 家商業銀行 2001—2009 年的成本效率和利潤效率進行了相應的研究，其研究結論表明在其樣本期內，上述中國商業銀行的利潤創造水準要遠遠低於其在成本上的控制水準，上述 58 家商業銀行真實的存貸利差對銀行的成本效率與利潤效率的影響方向恰好相反。徐輝和李健（2013）應用隨機前沿分析方法（SFA 方法）研究了中國 14 家商業銀行 1999—2010 年的的效率，並分析了金融改革後上述商業銀行成本效率的分佈及演變趨勢。張國鳳和何煉成（2015）對中國 17 家商業銀行 1999—2012 年的利潤效率與銀行業市場勢力之間的關係進行了相應研究。其研究結論顯示在其樣本期內，商業銀行的利潤效率與銀行業市場勢力之間不存在顯著關係，然而在銀行業市場競爭程度不變的情況下上述銀行的效率提升顯著，與此同時，相對於其中 12 家股份制商業銀行而言，五大國有銀行的市場勢力較高，但其利潤效率卻較低。

程水紅（2015）應用了超越對數成本函數對中國 14 家商業銀行 2007—2013 年的規模效率選用隨機前沿分析方法（SFA 方法）進行了相應研究，其研究結論顯示在其樣本期內，這 14 家商業銀行存在一定的規模效應，並且上述股份制商業銀行的平均效率水準高於上述國有商業銀行的平均規模效率水準。董曉林、金冪和楊書（2016）在目前的大環境下從城市商業銀行跨區域的規模、監事會監督的力度和股份制結構三個角度出發對中國 104 家城市商業銀行 2012—2014 年的效率選用隨機前沿分析方法（SFA 方法）進行了相應研究，其研究結論顯示在其樣本期內，監事會監督的力度對這些城市商業銀行的營運效率有積極的影響，然而跨區域規模擴張不利於這些城市商業銀行的營運效率的提升。毛洪濤、何熙瓊和張福華（2013）採用了 SFA 模型對 1999—

2010 年中國商業銀行的利潤效率和成本效率進行了分析，驗證戰略引資和首次公開發行（IPO）對商業銀行效率水準的影響。其研究結論表明，戰略引資和 IPO 兩項改革舉措具有明顯的「選擇效應」，其中，IPO 對銀行效率短期內具有促進作用，但長期來看卻降低了銀行效率，同時，戰略引資也降低了銀行效率水準。譚政勛和李麗芳（2016）利用 Wang（2002）提出的無效率項非單調性變化且存在異方差性的隨機前沿模型測算了 1994—2013 年中國商業銀行的效率，在無效率項中考慮了風險因素，其研究結論表明，風險因素對銀行效率的影響是非單調性變化的，且呈現出倒「U」形；銀行承擔更多的風險有利於銀行效率的提升。

An 等（2015）通過同時考慮商業銀行期望產出的增長和非期望產出的減少來定義商業銀行的無效率度量，對 2008—2012 年中國境內 16 家商業銀行進行相應研究，提出了一個新的兩階段數據包絡分析方法，將每個銀行的營運過程拆分成存款產生階段和存款使用階段，去度量基於鬆弛量的銀行效率。其研究結論顯示在其樣本研究期內，中國上述商業銀行的營運效率隨存款使用效率的提高而得到改善。除此之外，該文作者認為該兩階段數據包絡分析方法能夠為商業銀行無效率兩階段的中間度量提供一個參考標準。Bian、Wang 和 Sun（2015）認為中國境內商業銀行處在一個高度管制的金融體系內，其正在面臨將業務重心轉移至非利息收入業務的轉變，該文研究這種業務上的轉變對中國境內 107 家商業銀行 2007—2012 年的利潤效率和風險效率的影響如何。其研究結論表明，由於採用了由客戶承擔存款利率和風險的監管規避措施，佣金和手續費收入顯著降低了上述商業銀行的風險效率；由於中國境內設置了貸存比率上限、投資渠道匱乏以及證券市場回報較低，交易收入顯著減低了上述商業銀行的利潤效率；最終建議監管當局放鬆對銀行業的監管，使其充分發揮自主性，進而提高銀行營運效率。Zha、Liang、Wu 和 Bian（2016）通過將中國境內銀行業的營運過程劃分為生產階段和盈利階段，並將不良貸款視為遺漏變量（以往研究將其看成是盈利階段的非期望產出，然而本研究將其視為盈利階段的投入）重新加入模型進行分析，在此基礎上，選取 2008—2012 年中國境內 25 家商業銀行為研究樣本，提出了動態兩階段 SBM 模型去度量和研究上述商業銀行的營運效率。其研究結論表明在其樣本研究期內，中國上述商業銀行在生產階段和盈利階段的無效率導致了中國上述銀行技術無效率和規模無效率現象；其中上述 8 家城市商業銀行比上述四家國有大型商業銀行和上述 13 家股份制商業銀行擁有更全面的技術效率，然而，就純技術效率水準而言，上述 8 家城市商業銀行的純技術效率水準位於中間階段，其中上述 13 家股份制商業

銀行表現最差。

此外，譚興民、宋增基和楊天賦（2010）、何蛟（2010）、蘆鋒（2012）、鹿新華（2014）和金春紅（2014）等也對中國商業銀行的效率以及相關內容進行了相應分析，由於版面所限，故不做詳述。如有需要，可自行查閱相關文獻。

1.2.2　中印商業銀行效率研究文獻綜述

關於中印商業銀行經營效率的中英文研究文獻相對較少。接下來，筆者就部分相關文獻進行評述。

朱超（2006）對2004年中國4家國有商業銀行與印度28家國有商業銀行的純技術效率、技術效率和規模效率選用數據包絡分析方法（DEA方法）進行了相應分析，其研究結論表明，在其樣本期間內中印兩國國有商業銀行的技術效率值均比較高，然而72%的銀行規模效率呈現出不經濟的態勢；單純從模型估算結果的角度來看，中國國有商業銀行的各項效率指標均落後與印度國有商業銀行的各項效率指標，但這些效率指標從統計學角度來看均不顯著。李坡（2006）選取1995—2003年中國14家商業銀行和印度43家商業銀行作為樣本，在超越對數成本函數和自由分佈方法的基礎上選用仲介法對上述中印兩國商業銀行的營運效率和規模效率進行了相應的研究。其研究結論顯示在樣本研究期內，儘管上述43家印度商業銀行的規模過度擴張導致其已出現了一定程度上的規模不經濟現象，但是印度上述43家商業銀行的營運效率水準仍優於中國上述14家商業銀行的營運效率水準，並且中國上述14家商業銀行整體表現出了輕微的規模經濟現象，其中10家股份制商業銀行由於規模增長過快，也開始出現輕微的規模不經濟。然而，中印兩國的非國有銀行的營運效率水準要高於其他類型的所有制銀行。通過對印度上述商業銀行的規模經濟和印度商業銀行改革路徑的深入研究，提出了針對中國商業銀行改革的相關政策建議，例如政府應該減少對商業銀行運作或管理等的干預，取而代之的是利用市場機制引導中國商業銀行的正常營運，合理優化並控制我商業銀行業的結構和營運規模，以及對商業銀行所有制結構實行多元化改革，充分發揮民營金融的優勢以便活躍銀行業市場，最終提高中國商業銀行的競爭力和營運效率等。邱勝寶和齊敏（2007）從中國和印度都是發展中的大國以及都處於經濟轉型時期的視角出發，其認為中國銀行業改革可以適當借鑑印度銀行業改革方面的相關經驗，並從深入分析印度銀行業改革的經驗和教訓兩個方面出發，提出了一些對中國銀行業改革有借鑑意義的建議，例如，政府應該少干預以增強銀行的獨立

决策和管理能力、完善银行作为特殊企业的治理结构、发扬民间金融的力量以及鼓励民营金融的发展。

赵瑞（2008）通过 2002—2005 年中国 12 家商业银行和印度 25 家商业银行的财务数据指标对两国商业银行的静态效率进行了一个粗略分析；接下来重新定义刻画商业银行投入和产出的变量，选用数据包络分析方法（DEA 方法）对中印两国商业银行的营运能力、增长能力以及获利能力进行了度量和分析，并且将技术效率进一步拆分为规模效率和纯技术效率，选用数据包络分析方法（DEA 方法）和 Malmquist 指数结合的方法对中印两国商业银行效率的动态效率变化情形进行了相应研究分析，其数据包络分析方法的实证结果显示，在其样本期间内尽管上述印度商业银行的纯技术效率有所下滑，然而在规模效率、纯技术效率、营运能力、获利能力以及增长能力等方面，印度 25 家商业银行总体表现要优于中国 12 家商业银行，中国 12 家商业银行均表现出增长态势；通过应用 Malmquist 生产力指数的分析可知，在该样本研究期间内中国 12 家商业银行的全要素生产率年平均下降了约 7.1%，然而印度 25 家商业银行三年内的平均效率值却提高了约 1.2%，且其整体生产效率仍高于中国上述 12 家银行。董雪徽和智立红（2009）从中印两国曾经银行系统较为封闭且经济发展受到严重抑制的角度分析，认为 1991—2009 年，印度关于其国内银行业的改革较为全面和彻底，根据其经验教训提出了一些相关政策建议，例如严格加强银行监管，强化银行信息披露，放宽国内银行业的市场准入条件，增强董事会市场化改革，强调金融人才对银行业发展的重要性以及鼓励银行国有产权民营化。李阳和童旭红（2009）认为中印两国在经济发展方式与发展模式以及银行监管制度等方面存在着很强的相似性，并通过对比研究中印两国银行监管制度提出了对中国银行监管的一些政策建议，例如加强银行内部管控、进一步完善商业银行的监管内容，进一步规范商业银行的监管方式、加强监控力度，为存款提供可靠的保险措施。李扬、郭睿淇、李威龙和林孟熙（2010）从中国与印度作为亚洲两个重要的新兴经济体以及两国近些年来在经济上取得显著成就的角度出发，对中印两国的银行业 2003—2007 年的营运效率选用基于双曲线距离函数的群体绩效指数方法进行了相应研究，进一步考察中印两国经济发展程度是否与其银行业的营运绩效有相关，以及从结构角度分析中印两国银行业对两国经济发展水准的影响是否存在着差异。

万阿俊（2011）分别选用数据包络分析方法（DEA 方法）和随机前沿分析方法（SFA 方法）比较研究了 2005—2009 年中印两国商业银行体系的 X-效率，其研究结果显示中国商业银行体系的平均效率优于印度商业银行体系的平

均效率，此外，在該樣本研究期內，中印兩國銀行體系的效率均呈現出緩慢提升的態勢。通過對比銀行效率研究的非參數分析方法和參數分析方法的結論，發現兩種分析方法得到的結果呈現出較強的相關性，該文作者由此得出其研究結果對非參數分析方法和參數分析方法這兩種分析方法的差異具有穩健性和一致性的結論。錢春海（2011）在數據包絡分析方法（DEA 方法）的基礎上利用群組效率指數法和雙曲線距離函數，對 2004—2006 年中國 83 家銀行和印度 183 家銀行在規模報酬可變的假設前提下對比分析了中印兩國銀行業的經營效率，其研究結論表明，在該樣本研究期間內中國銀行業的群組效率水準整體上要低於印度銀行業的群組效率水準，由於中國銀行業生產前沿的生產效率和群組規模效率水準普遍要優於印度銀行業的相關效率水準，然而中國銀行業的群組技術效率水準卻均優於印度銀行業的群組技術效率水準。萬阿俊（2011a，2011b）認為儘管中印兩國經濟發展存在著一定的差異，但由於金融體系核心——商業銀行在各國經濟發展中都起到了不可替代的重要作用，因此，該文作者試圖去回答中印兩國商業銀行是如何在各自國家經濟發展中發揮作用的。此外，該文作者認為已有的研究理論是不完備的，主要是因為目前大量有關一國金融發展與其經濟增長之間關係的研究主要是從一國整體金融系統而言的，然而較少的研究工作從一國銀行業的體系出發分析一國商業銀行與其經濟增長之間關係的，並且已有的研究不能較為全面地揭示金融發展對經濟增長的實際貢獻水準如何，主要是因為已有研究從宏觀層面或者微觀層面研究商業銀行體系，進而忽略了中觀層面的影響渠道和機制；此外，已有文獻在研究金融發展與經濟增長之間的關係時，大多數研究工作並沒有考慮經濟增長方式的選擇以及質量如何。最後該文對中國 20 家商業銀行和印度 40 家商業銀行 2005—2009 年的 X-效率選用參數的隨機前沿分析方法（SFA 方法）和非參數的數據包絡分析方法（DEA 方法）進行了相應研究，其研究結論顯示，在其樣本研究期間內上述印度 40 家商業銀行的平均效率水準低於中國 20 家商業銀行的平均效率水準，因此該文作者認為在此期間內中國銀行業在效率水準方面良好的表現可以作為修正 2011 年之前中國銀行效率水準遠遠低於印度銀行的有力證據，並且發現風險因素的存在對上述中印兩國商業銀行的效率具有較強的解釋能力。設定內生增長模型並結合格蘭杰（Granger）因果檢驗修正法，探討中印兩國商業銀行與各自經濟增長間的關係。其研究結論顯示在 1987—2008 年期間，檢驗後的因果關係在中國不是雙向的，其中對中國而言，上述 20 家銀行發展對中國經濟增長有積極的正面影響，反之亦然，從而其認為中國銀行體系的發展是獨立於其經濟增長之外的；然而印度方面卻是其上述銀行發展與其經

濟增長之間存在著顯著的雙向因果關係，即上述印度商業銀行的發展與其經濟增長是相互影響的。該文作者的結論為，由於中印兩國採用不同的經濟增長模式，其信貸資源配置存在著較大差異。例如，中國信貸投放大部分集中於大基礎實施項目或大企業，然而印度則將信貸投放於中小企業或其他實業領域，因此中印兩國銀行體系的效率水準、行為特徵以及潛在風險狀況和其對各自經濟增長的影響表現出很大的不同。具體表現為上述印度商業銀行的實際投資效率水準優於中國上述商業銀行的實際投資效率水準，並且其潛在風險也遠低於中國，其對經濟增長的影響力也高於中國商業銀行體系。

卓悅（2014）認為隨著外資銀行海外業務大規模的拓展以及中印兩國改革開放步伐的加快，外資銀行已大舉進入了這兩個發展中國家，並選用銀行績效決定因子模型分析研究了 2003—2009 年中印兩國外資銀行的引進對中印兩國本土銀行營運效率的影響與衝擊，其研究結論顯示，在其樣本期內，外資銀行的引進對中印兩國本土銀行績效的影響不顯著，其認為可能的原因有兩個：其一是中國國內的外資銀行占比較小，印度國內金融市場欠發達且外資銀行的資產份額低；其二可能是樣本量較小，其中印度銀行為 28 家、中國銀行為 34 家。

然而，值得一提的是，目前關於中印商業銀行經營效率的研究文獻中可能的不足主要有以下幾個方面：①在模型選取上存在一些不足，正如第 1 章所述，不同類型的商業銀行可能存在結構性差異，如果默認其結構相同可能會給模型估計結果帶來偏誤；②在關鍵績效指標（KPI）選擇上存在差異，樣本期內可能存在突變等，例如，樣本期選在 1995—2013 年，在這期間中國國有商業銀行經歷過兩次不良資產剝離階段，2008 年美國次貸危機等重大事情都有可能使商業銀行營運模式發生較大改變，忽略此結構突變有可能使估計結果失效等；③在經營效率及全要素率方面，部分文獻未考慮創新業務的盈利能力、風險因素等影響因素對銀行效率的影響；④鮮有文獻從總體發展規模和盈利能力兩個方面來綜合評價「龍」「象」商業銀行做大與做強的比較。例如，萬阿俊（2011）對中印兩國 1987—2008 年商業銀行與各自經濟增長間的關係進行研究時，先對其文中定義的描述上述關係的五個變量取自然對數後再進行 ADF 單位根檢驗，其檢驗結果表明變換後的五個變量均為一階單整過程，最後對這變換後的五個變量進行了 Johansen 協整檢驗等。從其文中的單位根檢驗結果可以看出，水準變量中僅有中國銀行體系的變量 lnF 是僅帶截距項的非平穩情形，其他變量均是在帶時間趨勢項下的非平穩情形，最後該文作者直接進行了一階差分變換後再利用 ADF 單位根檢驗，得出了一階差分平穩的結論。然而，

如果帶時間趨勢項的非平穩過程在去掉時間趨勢項後是平穩的話，則帶時間趨勢項的非平穩過程就不必是真正意義上的非平穩過程，換言之，其一階差分後所得的變量是平穩的，但這些非平穩的變量的組合即便是平穩的也不代表存在協整關係，所以該文單位根檢驗和協整檢驗的結論均是值得商榷的。其實，1987—2008 年中國銀行業進行了數次改革和調整，例如銀行業股權改革、四大國有銀行不良資產的剝離、城市商業銀行和農村商業銀行的變遷以及銀行上市等。此外，在此期間內中國經濟也進行了多次的調整；2001 年加入世界貿易組織（WTO）也給中國經濟帶來了影響。在此期間國經濟增長模式和中國銀行業的發展模式都可能發生了結構性的變化，若在此期間內經濟增長模式和銀行業的發展模式真的存在結構性差異，則 ADF 單位根檢驗可能失效。

1.3 研究的方法及思路

儘管諸多文獻在商業銀行成本無效率和利潤無效率模型中加入了所有制類型或銀行上市狀態，然而，在商業銀行成本前沿模型和銀行利潤前沿模型中鮮有文獻考慮到不同所有制類型或銀行上市狀態可能對前沿模型產生的結構性影響，因為商業銀行成本或利潤無效率模型是建立在對應的前沿模型的基礎之上的。因此，有必要在商業銀行成本或利潤前沿模型的設定形式中考慮由不同所有制類型或銀行上市狀態等因素可能導致的結構性差異，並對考慮了結構性差異的銀行成本或利潤前沿模型進行嚴格的統計學檢驗，以免導致遺漏重要解釋變量使得銀行成本或利潤前沿模型估計產生偏誤，進而導致銀行成本或利潤無效率分析出現偏差。

再者，由於不同類型的銀行存在著規模或運作方式間的差別，因此，銀行成本或利潤前沿模型可能會出現異方差性問題，例如，Caudill 和 Ford（1993）通過蒙特爾洛（Monte Carlo）模擬分析發現無效率隨機擾動項的異方差性導致前沿參數估計量發生改變；隨後，Caudill、Ford 和 Gropper（1995）研究表明無效率隨機擾動項異方差影響前沿函數參數估計量的有效性，同時，無效率隨機擾動項的非對稱性導致無效率前沿會隨其分散程度的增加而發生改變，且異方差性顯著地影響到銀行效率排名。Wang（2002）從無效率隨機擾動項異方差和非單調效率的視角對隨機前沿分析（SFA）模型進行理論研究，其實證研究結論表明，商業銀行效率模型中忽視非單調效率效應會出現誤導性結論。隨後，Wang 和 Ho（2010）在 Wang 的研究基礎之上從無效率隨機擾動項異方

差、非單調效率以及前沿模型異質性角度出發，提出了無效率擾動項異方差固定效應隨機前沿模型可以較好地解決上述問題。

然而，在前沿函數效率研究分析中，僅有少數學者注意到這一可能存在的問題，其中，在商業銀行領域的文獻有 Matthews（2010），其他研究領域有 Kumbhakar、Lien 和 Hardaker（2012）以及 Kellermann（2015）等。目前，鮮有文獻使用無效率擾動項異方差固定效應隨機前沿模型研究中國銀行業效率問題或印度銀行業效率問題。

值得一提的是，儘管譚政勛和李麗芳（2016）首次利用 Wang 提出的無效率項非單調性變化且存在異方差性的隨機前沿模型對中國銀行業的效率進行了實證分析，然而，譚政勛和李麗芳並未注意到不同類型的銀行可能存在著結構性差異或上市狀態對商業銀行的效率結構可能產生影響，此外，他們並未檢驗其樣本區間 1994—2013 年內中國商業銀行的營運模式是否發生了突變，因為在這期間中國銀行業至少發生了中國國有商業銀行壞帳剝離、2007 年的美國次貸危機以及 2011 年貸款準備計提比例的相關規定等重大事件。因此，本研究試圖使用 Wang 和 Ho（2010）在 Wang（2002）基礎之上提出的無效率擾動項異方差固定效應隨機前沿模型，對中印兩國商業銀行在成本效率、利潤效率以及單位成本利潤效率三個方面實施相關研究工作。

儘管 Wang 和 Ho（2010）在前沿模型中考慮了個體固定效應，但由於前沿模型中的斜率項系數保持不變，表明不同銀行具有相同的結構變化，僅存在截距項上的不同，這一設定可能與現實不符。若不同類型銀行間存在顯著結構性差異，而人為假設其結構變化是相同的，這可能影響到前沿模型參數的估計，基於前沿模型估計結果的無效率擾動項的分析可能出現偏差，進而可能影響到銀行無效率水準的估計。因此，在模型可操作性和異質性之間進行對比分析後，本研究試圖通過引入相應的虛擬變量突顯出不同類型銀行間的差異，並對此進行檢驗，最終確定合適的模型形式。本研究在銀行效率研究中綜合考慮風險因素對其效率的影響。同時，不同類型商業銀行在相同的營運環境中易受諸多共同因素的影響。例如，在中國市場同一個城市的城市商業銀行和農村商業銀行間可能存在或多或少的關係，因此，不同銀行效率間可能存在著一定的相關性。此外，當某一家或某一類銀行的成本效率高於另一家或另一類銀行時，其利潤效率未必呈現出同樣的規律，即其成本效率比對方高，而利潤效率卻比對方低。此時，如何判斷這樣的兩家或兩類銀行間的效率水準誰高誰低？上述問題值得進一步被探討。

本研究在上述工作的基礎之上結合 Malmquist 指數，研究了基於 SFA-

Malmquist 方法測算的中印兩國商業銀行的全要素生產率。

本研究的研究方法及思路如下：

首先，針對上述問題，本研究在構建模型時通過對 Wang 和 Ho（2010）所述模型進行適當修正，進而體現出中印兩國不同類型商業銀行間的差異，以及由此導致的效率分析模型可能出現的結構性差異，使得中印兩國商業銀行效率分析模型更貼近於其真實情形。本研究還在此基礎之上考慮了風險因素對中印兩國商業銀行效率的影響。

其次，考慮中印兩國商業銀行上市融資（即部分資產民營化措施）對其效率的影響；在分析樣本中引入了境內外資銀行，對於中國商業銀行而言，主要考慮到中國加入世界貿易組織後給予外資銀行國民待遇，這實質上對國內商業銀行是一種衝擊，將境內外資銀行引入模型可以更真實地反應改革開放以來中國商業銀行發展的狀況；由於外資銀行進入印度國內的時間較早，而印度市場化程度較高。綜上所述可以得出，在分析中印兩國商業銀行效率時考慮兩國境內外資銀行，可以較為全面地反應兩國商業銀行在相對開放的市場環境中的效率。

最後，本研究採用象限圖並從單位成本利潤效率角度分析了中印兩國商業銀行間的綜合效率水準，為中印兩國商業銀行間綜合效率水準排名提供參考，同時，商業銀行可以通過象限圖提供的信息判斷自身應該從成本效率角度還是利潤效率角度提升效率。在上述工作的基礎上，本書進而研究了 SFA－Malquist 模型下中印兩國商業銀行全要素生產率情況。

1.4　研究的創新

由上述分析可知，銀行上市狀態和所有制類型可能會使銀行的營運模式和成本管理等出現較大的差異，進而可能導致利潤效率模型和成本效率模型產生結構性差異。此時，若人為設定銀行間無結構性差異，並將所有銀行放置在相同的結構模型中進行分析，可能造成模型設定偏誤和研究結果出現誤差，最終可能導致基於此類研究結論所給出的相關政策建議是無效的，甚至會出現更為嚴重的後果等。

因此，針對上述問題，本研究創新之處如下所述：

第一，在基於 Wang 和 Ho（2010）考慮了中印兩國商業銀行的固定效應和可能出現的異方差的基礎之上，進一步考慮中、印兩國商業銀行的不同所有

制類型、銀行上市狀態以及不同銀行間營運模式和成本管理上的差異是否會對中印兩國商業銀行利潤效率和成本效率分析產生顯著性影響。

第二，構建相應檢驗統計量對銀行效率分析模型是否存在結構性差異進行統計學顯著性檢驗，使得檢驗後的效率分析模型更符合中國銀行業的真實情形。若中印兩國商業銀行利潤效率和成本效率模型存在結構性差異，則需使該結構性差異在兩國商業銀行利潤效率和成本效率模型的設定環節中得到有效體現，並考慮將風險因素納入效率模型中，以體現中印兩國商業銀行對風險的態度以及承擔風險的能力，並借此找出兩者之間的差異，以及試圖尋找提高中國商業銀行效率的有效途徑。

第三，本研究採用象限圖法分析不同銀行間的綜合效率水準，為銀行間綜合效率水準排名提供現實參考。為了使得中印兩國商業銀行綜合效率具有可比性，本研究還在上述分析的基礎之上考慮了中印兩國商業銀行單位成本利潤效率和結構差異性固定效應 SFA－Malmquist 模型下中印兩國商業銀行全要素生產率。

2　商業銀行效率理論及影響因素分析

效率研究一直以來都受到經濟學界的重點關注。因此，對效率研究的理解顯得至關重要。從效率研究對象的視角來看，效率研究可以劃分為微觀效率研究和宏觀效率研究。商業銀行作為一種特殊的微觀主體，其運行效率在一定程度上反應了商業銀行自身的經營效果、管理水準以及資金的配置效率等。因此，本研究重點考慮商業銀行這一特殊微觀主體的效率問題。本章將先從效率和經濟效率的一般定義以及相關的效率理論出發，著重考察商業銀行效率研究的相關理論，最終給出本研究所涉及的銀行效率研究的相關理論。

2.1　效率的定義

經濟學的研究任務之一是尋求資源相對有限與需求相對無限之間的最佳平衡點。在約束條件下盡可能地提高有限資源的配置效率是解決該問題比較有成效的途徑之一。正因如此，效率研究成為在經濟學界被廣泛使用的一個概念。然而，效率的分類會隨效率研究的視角或領域的不同而存在差異。例如，按效率研究方式可將效率劃分為動態效率和靜態效率；按效率研究目標可將效率劃分為生產效率、分配效率、消費效率、制度效率、組織技術效率等。由於效率研究的廣泛應用，在經濟學界對效率的概念界定未能達成一致。

對效率理論的界定在經濟學界經歷了一段漫長的時期才有了一個較為明晰的概述。對效率的闡述可以追溯到18世紀的亞當·斯密、19世紀的李嘉圖以及著名的社會主義學派的奠基人馬克思等經濟學家在其著作中的相關論述。此後，帕累托及薩繆爾森等現代西方經濟學家的努力，使效率逐漸有了一個較為清晰的定義。下面對幾個典型的效率定義進行簡要闡述。

1776年亞當·斯密在《國富論》中描述說，在生產要素自由流動和市場自由競爭的前提下，市場由所謂的「看不見的手」進行調節，即「看不見的

手」引導投資者在追求利潤最大化和消費者在追求自身最優化消費行為的過程中會促進效率的提升。換言之，亞當·斯密認為「看不見的手」的調節功能可以提高市場效率。其文中還進一步指出，勞動分工和專業細化也同樣可以提高勞動生產效率，進而促進經濟增長和社會財富的增加，即勞動分工和專業細化使得勞動者的專業優勢得到體現，從而使企業產量增加，專業化的培訓學習使得生產效率得到進一步提升。然而，該理論存在著一定的局限性，例如，該理論假設單個企業最大化利潤之和構成了最大化社會福利。然而，在資源有限的條件下，不同的企業可以通過某種方式的資源配置使得自身利潤達到最大化，此時的利潤總和是否等於當所有企業構成一個整體採取一定的資源配置方式使該整體利潤實現最大化時的利潤（即社會福利）呢？兩種情形所產生的效率是否相同？類似地，勞動分工只有當市場範圍足夠大時才能得以實現。當市場範圍過小，甚至導致了生產者所生產的物品不能交換到其生活所需要的消費品，這就意味著生產者可能會根據自己所需求且市場無法滿足的物品進行生產，而非從事自身專業優勢較強的行業，如此一來就很難實現該領域裡的進一步分工合作。於是，亞當·斯密認為勞動分工和專業細化的程度和水準受到市場規模的影響較大，該因素也會導致整個社會的效率得不到提高。

1821年李嘉圖在《政治經濟學及賦稅原理》一文中提到，企業利潤的增加促進了資本的累積和技術的進步，同時資本的累積和技術的進步又提升了企業的生產效率。

馬克思的《剩餘價值理論》在探討如何創造出更多的財富時已涉及效率的思想——馬克思的效率思想主要是指勞動生產力的效率。馬克思所謂的效率體現為兩種形式：一是，利用最少的投入創造出最大的產出；二是，單位時間內創造出最大化產出。如果經濟主體能夠實現上述兩種情況中的一種，就可以認為該經濟主體是有效率的。總的來說，馬克思是從生產力決定生產效率這一視角來理解效率的。儘管馬克思沒有對效率做出一個明確的定義，但其已從投入、產出的視角分析了效率問題。這一思想為後續研究提供了參考。

帕累托的效率理論是福利經濟學的基礎性研究之一，1906年帕累托在其《政治經濟學教程》一書中提出了帕累托最優原理，即闡述何為資源配置效率。帕累托效率理論表明，在不減少其他人福利的前提下任何資源配置方案都做不到使另一些人的福利得到改善，此時資源配置就達到了最優狀態。否則，表明資源配置未達到最優狀態，即可通過調整資源配置來實現增加社會福利的可能。

柏格森和薩繆爾森從商品組合的角度提出了社會福利函數，社會福利函數

考察的是社會福利與影響社會福利的主要因素之間的數量關係,並在此基礎上提出了效率檢驗相關原則。薩繆爾森指出在不縮減對一種物品的生產的前提下,就不會對另一種物品進行生產,此時的經濟運作就是有效率的。

2.2 效率理論及商業銀行效率理論

有關效率理論方面的研究工作一直以來都是經濟學界較為關注的重點問題之一。對影響效率的因素進行研究涉及諸多相關的經濟學理論。比如,產權明晰理論、勞動分工與專業細化理論、規模效率理論、範圍效率理論、X效率理論等。下面僅針對上述幾個較為典型的理論知識進行簡要闡述。

2.2.1 產權理論

產權理論從產權和制度兩個角度對如何提升經濟社會的運行效率進行深入探討,清晰的產權制度可以很好地解決外部不經濟問題,進而促進經濟效率的進一步提高。1960年,科斯在其研究論文中指出了清晰的產權對提高經濟系統的效率有著顯著性影響。例如,產權必須明確指出財產擁有者的各項權利以及違反這些權利時的懲罰措施等,明顯的排他性、可轉讓性指可通過市場將其轉移到最具價值的活動中。如此一來,對產權的界定就不再模糊不清。因此,在明晰產權的基礎上,可以在財產權利的交易過程中使原有的高額交易費用得到降低,從而達到提升經濟效率的效果,使社會福利最大化。這一思想被後人稱為科斯定理。

在科斯定理的研究成果之上,1985年,威廉姆森認為交易成本費用和交易自由程度是影響社會經濟資源配置和市場運作效率的主要因素,其在《資本主義經濟制度》中明確規定了交易成本費用在一定程度上可以被分為事前的交易成本費用和事後的交易成本費用兩個部分。其中,事前的交易成本費用是由於考慮到未來的不確定性等問題,交易雙方在簽訂契約之前進行相關考察、談判以及對權利、義務和責任進行相關明文規定等活動所產生的成本費用。事後的交易成本費用是指事後在執行契約的過程中解決問題的相關成本。

科斯的產權理論闡釋了產權與經濟運作效率之間的關係,認為一個沒產權的社會其效率是低下的,其社會資源配置是無效的。該理論還指出如果在交易過程中交易費用為零,則產權不對資源配置產生影響。

產權理論實質上就是通過降低經濟活動交易過程中所產生的費用或成本進

而達到提升資源配置效率和提高經濟運行效率的目的,即產權理論表明產權只有在明晰確定的前提下才能對經濟發展起到推動作用。因此,交易費用的存在使得界定產權成為經濟分析的首要任務,只有明晰的產權制度才能有助於經濟的增長。諸多經濟學者認為產權界定不清晰在一定程度上對市場機制失靈產生了影響,進而增加了經濟活動交易過程中的交易費用,使得市場運行過程中產生了大量的交易摩擦,嚴重影響了資源配置的有效性,進一步阻礙了經濟高效發展。因此,從某種程度上來說,產權的明晰與否會對經濟運作的效率高低產生影響,同時對經濟發展的質量高低也會產生影響。

其中,產權理論的發展大致經歷了兩個重要階段:

第一個階段(20世紀30年代),考慮到當時正統微觀經濟學研究未涉及經濟活動過程中存在的交易摩擦,即認為經濟活動的過程中應該存在著交易費用和交易成本,如何有效降低經濟活動中的交易費用和交易成本就成為微觀經濟學有待解決的問題,經濟學家研究表明制度創新能夠有效降低經濟活動中的交易費用和交易成本。這一時期湧現出大量經濟學家的相關研究成果,其中較具代表性的研究成果當屬1937年科斯關於企業性質的研究論文,其將經濟活動中的交易費用和交易成本引入到微觀經濟學的企業研究中,產權經濟學的思想也由此萌芽,為日後微觀經濟學的細化提供了參考。

第二個階段(20世紀中葉),科斯在研究產權在經濟活動中的重要作用時,提到產權明晰可以避免外在性所引起的經濟社會摩擦,從而降低整個社會成本。科斯認為無論是正的外在性還是負的外在性在經濟活動的過程中得到克服都可以有效地降低整個社會成本,進而避免了外在性所帶來的不良影響。諸多經濟學家在研究產權問題時認為產權的最大經濟作用就是試圖降低經濟活動中的交易費用和交易成本以及克服外在性的影響。產權經濟學理論研究者認為可以通過產權結構使外在效用內在化的程度高低來考察產權結構有效與否。換言之,外在效用內在化的程度同樣可以用於考察經濟運行效率提升的程度。

2.2.2 勞動分工與專業細化理論

勞動分工理論認為勞動的社會分工和專業細化在一定程度上能夠有效地提高整個經濟社會的運作效率。亞當·斯密從勞動者的工作技能會因專業程度不斷細化而變得相當熟練、勞動分工可以在一定程度上減少由於工種轉換所產生的間接費用、勞動分工還可以通過促進技術改進來進一步提升單位勞動生產效率的角度分析,認為勞動分工和專業細化是有效提高經濟效率的最佳方式。

李嘉圖運用比較優勢理論對勞動分工和專業細化進行了相應的研究,其研

究結論表明不同國家可以通過勞動專業分工來進一步提高其經濟社會運行的效率。各個國家通過勞動分工協作來生產和出口那些相對於其他國家而言只有本國具有優勢的商品，進而從整體上提升社會福利水準。

經濟學家馬歇爾從經濟的外在性的角度研究勞動分工的經濟效果，同時指出勞動分工的專業化與經濟社會發展之間存在著內在聯繫。然而，經濟學家阿倫‧楊格（Young）提出的「楊格命題」認為不應僅從量的方面來研究勞動分工的作用，因為如此一來，外在或者內在經濟就不能把握住勞動分工的核心思想，他認為只有通過勞動分工和專業細化來分析供給和需求，才算掌握經濟學研究的根本。

楊格認為，勞動生產者的勞動分工和專業細化的水準在一定程度上會受到勞動生產者從事的行業或領域所處市場的廣度和深度的限制。換而言之，若勞動生產者所對應的勞動分工所處的行業或領域所對應的市場深度或廣度不夠，那麼此類勞動生產者就不大可能通過專一從事生產此類商品或服務來滿足自身對其他商品或服務的需求。由於勞動分工和技術進步的水準在一定程度上會反過來影響其所在行業或領域所對應的市場所能達到的廣度和深度，因此，勞動生產者應具有較高的技術水準且市場上應具有合理細化的勞動分工，只有具備這兩種因素，相應的行業或領域才可能會生產出可滿足市場需求的商品或服務，進而該行業或領域的廣度和深度才能得以擴充。因此，從某種意義上來講，對勞動者進行合理分工可以提高勞動生產技術效率，反過來，生產技術一旦取得進步又可以使得市場規模得到進一步擴大，與此同時，市場又可以得到進一步細分，其中，市場規模的不斷擴大和進一步的市場細分得到落實又會促使對勞動者專業分工的需求得以增加，如此一來便形成了能夠進一步提升經濟社會效率的良性循環鏈。

馬克思認為勞動分工和專業細化是社會發展到一定程度的產物，同時也是促使經濟向前發展的推動力。

2.2.3 規模效率理論、範圍效率理論、X-效率理論以及前沿效率理論

規模經濟的經濟學含義是當企業擴大生產規模或者增加其產出數量時，其邊際生產成本不但沒有增加反而因為規模的擴大出現下降的情形，如此一來，便出現了企業長期平均生產成本會隨著企業生產規模的擴大或產出數量的增加而遞減的經濟現象。換言之，規模經濟指通過擴大產品規模得到一定的規模優勢進而降低企業的生產成本，最終獲得相應的收益。商業銀行是經營資本的特殊行業，其屬於資本密集型行業，所以商業銀行的對應的規模也大於其他行

業。商業銀行的規模效率是指，當商業銀行通過增加營業網點、擴大信貸規模、對業務的流程精細化、增加投資理財產品或金融服務種類等時，其對應單位生產成本低於其單位收益。因而商業銀行可以通過規模效率提升自身的經營效率。

範圍經濟是指企業在生產當前產品的過程中通過增加不同的產品產出數量這樣一種措施反而能夠有效地降低企業生產該商品的邊際成本的一種經濟現象。換言之，範圍經濟降低企業的生產成本是從有效地增加產品多樣性的視角來實現的。其中，商業銀行的範圍效率是指商業銀行通過增加銀行產品的種類和金融服務的範圍，由此帶來的商業銀行效率的提升。

1966 年，Leibenstein 在其研究工作中發現許多國家在不改變生產要素投入如資本和勞動力等和技術水準的前提下，通過適當改變企業的激勵約束機制，企業可以顯著地提升勞動生產效率。換而言之，企業生產效率的提升除了會受到生產產品所需的生產要素和技術水準的影響外，必然還會受到其他的重要未知影響因素的影響。然而由於這些重要影響因素是未知的，所以將其稱為 X-效率，於是 Leibenstein 在此基礎上提出了 X-效率理論。因此，X-效率理論可以概括為企業的產出受到諸多影響因素的影響，例如勞動力、資本量、企業家才能和技術水準等要素投入。除此之外，還包含了許多未知因素，將這些未知數稱為 X-因素。而所謂的 X-效率就是指由這些未知因素所帶來的效率合稱。

X-效率理論認為企業經營效率的好壞主要取決於雇主和員工之間相互博弈的結果，即企業經營效率的高低不是由雇主或員工某一單方面所決定的，而是兩者相互作用的結果。比如，由於勞動合同可以規定員工的工作時間，但無法確定員工對工作的努力程度，更無法控制員工工作的積極性，由此看來雇主與員工簽訂的勞動合同不可能對員工進行全方位的約束。換言之，員工在以多大意願對所應聘的工作發揮多大程度的積極主動性方面有很大的自主權，而這一自主權是雇主無法掌控的。即在雇主和員工互相博弈的過程中雙方均有諸多可供選擇的策略，通常雙方會按照各自行為習慣選擇對自身有利的策略。一般而言，X-效率可由企業最大化產出水準和員工常規努力水準所得到的產出水準之間存在的差距進行度量。

X-效率理論是從企業所處市場環境的競爭程度的視角對企業運作效率進行分析。當企業處於不完全競爭性的環境裡時，企業通常會尋找其他方式去處理自身所面臨的各種問題或壓力，因此企業爭奪市場的積極性通常較低。也就是說，身處這樣的一種競爭環境的企業通常不會選擇同其他企業進行競爭，從

而企業也沒有太多的積極性去尋找自身產品或服務的缺點或不足，更不會投入大量資金或成本去研發新產品以滿足社會的需求，員工工作的積極性也不會太高，如此一來，企業內部的資源配置必將是一種無效配置，該現象將輻射至整個經濟系統，致使其處於一種非最優化的狀態。然而，當企業處於一個競爭性的環境裡時，該競爭性的環境會迫使企業去和別的企業去競爭並想盡辦法爭奪市場，也會投入大量資金或成本去優化現有產品或研發大量的新產品或服務以便更好地滿足社會需求，同時，企業也會採取各種辦法激勵員工，此時企業的效率會提高，企業所需的成本或費用也會降低。從上述分析可以看出，員工努力的程度除了受其個人的目標影響外，還會受到外部環境的影響。

2.3　商業銀行效率影響因素分析

上文提到了效率及商業銀行效率的含義，接下來，本研究將深入探討影響中國商業銀行經營效率的主要因素有哪些、如何影響以及影響的程度多大等相關問題，為提升中國商業銀行經營效率和防範商業銀行經營風險提供了相關的理論依據。具體地，本研究將分別從宏觀經濟環境、商業銀行業以及銀行微觀主體三個角度探討影響中國商業銀行經營效率的因素。

2.3.1　宏觀影響因素分析

一般而言，一個國家或地區的經濟體系與金融體系之間存在著密不可分的關係，可以說這兩者之間的關係是相輔相成，一個國家或地區的經濟的強弱決定著金融發展速度的快慢，金融的發展程度在一定程度上必然對當地經濟產生重要的推動作用。再者，一國或地區的商業銀行作為金融體系的主體，其經營效率也必然會受到宏觀經濟發展狀況的影響，從某種程度上來說，一國或地區的宏觀經濟環境是當地商業銀行正常營運的基礎外部條件。正因如此，已經有越來越多的研究文獻資料考慮到了宏觀經濟環境因素對商業銀行營運效率的影響。

從國際經濟金融形勢的視角來看，2014年世界經濟增長率與2013年基本持平。然而，世界經濟發展呈現出多樣化、多速化態勢，即表現為成熟經濟體經濟溫和復甦，分化愈發明顯；新興經濟體增長勢頭放緩，風險因素較為複雜。全球貨幣政策格局趨於複雜，各經濟體貨幣政策分化較為明顯，貨幣政策協調難度加大。地緣政治衝突仍在持續，對經濟增長的影響愈發明顯，即政治

和經濟風險動蕩交疊，國際金融市場波動加劇。

　　從國內經濟金融形勢的視角來看，2014年，在新常態下國民經濟總體運行趨於平穩，經濟運行總體處於合理區間之內；積極調整經濟結構，即新興產業增長速度較快，「互聯網+」、大數據、雲計算等與傳統產業跨界融合的步伐不斷加快，積極調整產能過剩行業結構，加大了環境治理力度；在保持宏觀政策連續性和穩定性的基礎之上，通過實施積極的財政政策和穩健的貨幣政策更好地為實體經濟服務，同時，支持服務業和小微企業的健康快速發展。

　　接下來就上述的宏觀經濟環境因素進行簡要概述，以便為今後分析商業銀行運作效率的宏觀經濟影響因素提供便利。宏觀經濟環境因素包含了很多方面，如經濟的發展速度、經濟增長的效率、宏觀經濟政策、經濟體制的變化及政治因素（例如，2016年英國脫歐公投、特朗普當選美國第45任總統等）等。

　　從企業融資角度來看，當國內經濟高漲時，企業對未來經濟形勢看好，因而其生產的積極性增加，致使企業信貸資金需求旺盛，商業銀行由此可能制定較為積極的目標政策增加信貸規模；然而當國內經濟下行時，大部分企業對資金的需求量呈下降趨勢，且商業銀行可能對未來經濟形勢不看好，甚至擔心由此導致不良貸款上升增加商業銀行自身信用風險，於是會相應縮減信貸規模，即便此時部分企業可能依然對信貸資金有著旺盛的需求。換言之，從商業銀行的角度來看，宏觀經濟環境的變化也會影響商業銀行信貸資金的投放量及信貸的行業結構狀況等。由於企業作為國民經濟發展的主體是商業銀行經營的主要對象之一，所以企業的經營狀況和存在的風險與商業銀行的經營狀況和資金安全之間有必然聯繫。就目前的情況來看，國內大多數企業仍然以間接融資——以信貸的方式向商業銀行貸款為主，因此宏觀經濟環境的變化會影響到企業對信貸資金的需求量。

　　為了保證經濟的正常運行或按某一目標運行，國家會據此制定相應的貨幣政策、財政政策等一系列的相關經濟政策，然而這些政策的實行對商業銀行的營運效率或多或少都帶來了不確定性，例如，針對2015年6月和2016年1月國內股票市場出現的兩次較為嚴重的股災，中國人民銀行通過降準降息來穩定市場信心，這對商業銀行的信貸投放資金量產生了一定的影響，由此可能會進一步影響到商業銀行的營運效率和資金風險。因此，商業銀行必須對宏觀經濟形勢有一個較為準確的判斷，掌控信貸資金投放量和信貸資金的質量，在提升商業銀行自身的營運效率的同時將風險控制在可承受的範圍之內。

2.3.2 行業影響因素分析

根據中國銀行業監督管理委員會[①]（以下簡稱銀監會）2014 年年報，截至 2014 年年底，中國銀行業金融機構包括 3 家政策性銀行、5 家大型國有商業銀行、12 家股份制商業銀行、133 家城市商業銀行、1 家郵政儲蓄銀行、89 家農村合作銀行、665 家農村商業銀行、1,596 家農村信用社等。此外，2014 年，5 家民營銀行獲批籌建。

2014 年，巴塞爾銀行監管委員會（Basel Committee on Banking Supervision，BCBS）和金融穩定理事會（Financial Stability Board，FSB）按照既定協商議程實行國際金融監管改革措施。具體措施主要體現在如下幾個方面：第一，已有 27 個巴塞爾銀行監管委員會成員經濟體宣布對各經濟體中的金融機構全面實施《第三版巴塞爾協議》中關於資本監管的規則，其中多數成員已發布關於流動性覆蓋率、槓桿率和系統重要性銀行監管的規則；第二，巴塞爾銀行監管委員會提高了商業銀行資本充足率，此外，為了維持國際標準一定程度的風險敏感性並降低其複雜性，提高其可比性和操作性，委員會進一步完善了巴塞爾協議監管框架；第三，提升金融機構的風險管理水準；第四，金融穩定理事會依據二十國集團領導人的要求，將集中精力從合理評估金融機構的系統重要性、加大對金融機構監管的力度、增強吸收損失能力、完善金融機構風險處理機制等方面來試圖解決金融機構「大而不倒」的問題；第五，金融穩定理事會建議各經濟體的監管當局之間應該加強對影子銀行的信息共享，針對影子銀行各不同類型的經濟功能設置不同的監測指標進行合理的監控，進而加強對影子銀行的監管力度和深度；第六，金融穩定理事會在完善經濟體場外衍生品市場、鼓勵金融機構強化自身信用風險評估而非依賴外部評級機構的評估結果、為了避免類似倫敦同業拆借利率（LIBOR）等體系的設計缺陷而改進金融基準利率形成機制等方面提出了相應的改革建議。

2014 年，中國銀行業監督管理委員會提出完善現代銀行業治理、市場和監管三大體系，推進銀行業提升自身的現代化治理能力，重點完善業務治理體系、風險治理體系、公司治理體系和行業治理體系建設。《中國銀監會辦公廳關於加強村鎮銀行公司治理的指導意見》《金融資產管理公司監管辦法》和《加強農村商業銀行三農金融服務機制建設監管指引》指導銀行業金融機構的公司治理體系改革，即督促銀行業金融機構進一步完善「三會一層」的治理

[①] 現為中國銀行保險監督管理委員會。

結構和兼顧制衡與激勵的銀行運行管理機制，改進銀行業金融機構的績效考評實施方案，正確合理地引導銀行業金融機構盡快樹立良好的可持續發展觀。《關於完善銀行理財業務組織管理體系有關事項的通知》和《中國銀監會辦公廳關於規範商業銀行同業業務治理的通知》督促銀行業金融機構的業務治理體系改革，如完善同業業務與理財業務治理體系。

不同的銀行業金融機構擁有不同的改革措施。2014年，政策性銀行進一步明確其職能定位，即政策性業務。大型國有商業銀行不斷健全銀行公司治理體系，完善銀行內部績效考評機制；從多維度角度實施風險管控機制；優化銀行資本管理高級方法實施質量；穩步推進大型國有商業銀行國際化戰略。中小型商業銀行著重圍繞「改革、創新、提質、控險」原則進行改革，在優化治理機制、服務於實體經濟、防範銀行內外風險以及依法合規運行的基礎之上不斷加強中小型商業銀行科學管理和可持續發展的能力；通過小微支行和社區支行等便民服務基礎網路的建立，不斷下沉業務重心以便更好地服務和滿足客戶需求；在大環境下，即「互聯網+傳統行業」、移動設備、大數據以及雲計算等網路信息技術快速發展和廣泛應用的環境下，金融系統呈現出深化改革的新趨勢，加強金融產品創新，降低服務成本，規範服務定價，提高服務標準，以便進一步提高銀行服務質量和效益。銀監會堅持「公平競爭、同等待遇」的原則引進包含民間資本在內的各類資本入股國內銀行業金融機構。截至2014年年底，銀監會對首批民營銀行進行了試點工作，批准了深圳前海微眾銀行、天津金城銀行、溫州民商銀行、上海華瑞銀行、浙江網商銀行五家民營銀行的籌建申請。農村中小金融機構重點圍繞「防風險、促改革、強服務」原則展開服務工作，著重服務農村基層、社區和中小企業，並通過建設小微企業特色支行，繼續加大服務實體經濟的廣度和深度。例如，2014年中國郵政儲蓄銀行為了更好地實施深化股份制改造工作，全面啟動了引進戰略投資者計劃，進一步完善銀行公司治理結構，加快向現代商業銀行轉型的步伐。

此外，信託公司、企業集團財務公司、金融資產管理公司、貨幣經紀公司、金融租賃公司等金融機構也出抬或修訂了諸多相關政策進一步規範其行為，促使其健康可持續發展；汽車金融公司有力地刺激了大眾對汽車的消費需求，從一定程度上助推了汽車產業發展。

從第1章的分析可以看出，中國消費占GDP的比例仍遠低於發達國家，且在多行業產能嚴重過剩，國外對中國製造需求疲軟的情況使得拉動國民經濟的「三駕馬車」中的投資和出口雙雙受限，接下來消費可謂是「一馬當先」。2015年11月10日，習近平總書記在主持召開中央財經領導小組第11次會議

時提到從「供給側結構性改革」的改革方向提升中國社會經濟生產效率。然而，儘管在消費環節中占重要地位的當屬大眾消費，但大眾的小額信用貸款、無抵押信用貸款、無質押信用貸款、無擔保信用貸款等業務一直被商業銀行邊緣化。2009 年 7 月，銀監會頒布《消費金融公司試點管理辦法》並於 2010 年開展了全國試點工作，分別在上海、北京和成都三地的中國銀行、北京銀行和成都銀行率先試點。時至今日，消費金融公司在不向公眾吸收存款的前提下從「小額、分散」的貸款原則出發，為中國境內居民提供用於消費的貸款，有效地滿足了中國境內中低收入人群合理的消費信貸需求，為消費金融市場提供了多元化、特色化的小額信貸產品，並開始嘗試向跨區域經營模式的轉型，進一步擴大服務地區和業務覆蓋面。

銀監會於 2014 年成立銀行業對外開放領導小組，統籌推進銀行業「走出去」和「引進來」工作，引導中資銀行業金融機構支持中資企業海外商業佈局的資金需求。與此同時為使中國銀行業具有一個良性競爭環境，銀監會積極穩妥地推進銀行業對外開放，並指出在有效監管的前提下對外資銀行准入門檻進行適度降低，同時對中國港、澳銀行業採用准入前國民待遇加負面清單方式擴大開放。其中，截至 2014 年年底，中國在海外設立分支機構的中資銀行業金融機構已達 20 家之多，共在海外 50 多個國家和地區設立了 1,000 餘家分支機構，其總資產共達 15,000 億美元。

2014 年 11 月，國務院總理李克強簽署國務院令，在全面深化改革的形勢下於 2014 年 12 月 20 日公布《國務院關於修改〈中華人民共和國外資銀行管理條例〉的決定》。此次條例修改重點是在確保有效監管的前提下，通過適當降低外資銀行准入標準和經營人民幣業務的條件來給外資銀行的設立和營運營造一個更加自主、寬鬆的制度環境。銀監會在支持外資法人銀行拓寬資本補充渠道的基礎上，批准了 3 家外資法人銀行在中國境內試點運行信貸資產證券化業務，並允許其投資銀行間市場信貸資產證券化產品。

為了繼續擴大對澳門和香港地區銀行業的開放程度，2015 年 3 月 1 日起正式實施於 2014 年 12 月簽署的《〈內地與澳門關於建立更緊密經貿關係的安排〉關於內地在廣東與澳門基本實現服務貿易自由化的協議》與《〈內地與香港關於建立更緊密經貿關係的安排〉關於內地在廣東與香港基本實現服務貿易自由化的協議》。同時，為了促進兩岸金融進一步深入合作，於 2014 年 12 月 25 日擬按照《海峽兩岸銀行業監督管理合作諒解備忘錄》相關內容，完善兩岸金融危機處置合作機制，進一步維護兩岸金融穩定，並防範金融風險。

在「大眾創業、萬眾創新」的時代背景下，從滿足實體經濟有效金融需

求和提高銀行業競爭能力的角度出發，堅持「風險可控、成本可算、信息充分披露」的原則，促進經濟金融良性互動和可持續發展。使創新成為驅動經濟金融發展的新引擎。將互聯網、大數據和雲計算等信息技術手段與傳統法式進行有效結合，促進非信貸業務創新，推動銀行業主動適應利率市場化等，以便擴大金融服務覆蓋範圍，延長服務時限，進而提升服務便利度。

2.3.3 微觀影響因素分析

從影響商業銀行營運效率的視角出發，分析影響商業銀行效率的主要因素是如何影響其運行效率的，其中，影響商業銀行效率的主要因素有產權制度、治理結構、商業銀行規模、資產質量、員工素質等。

（1）商業銀行產權制度

從產權制度的視角分析發現，可以通過激勵員工工作的積極性、約束員工的行為以及優化對資源的配置等方式使得產權制度對企業的治理和營運均產生一定的影響。然而，以經營風險的特殊企業形式存在的商業銀行，其產權制度及組織形式在一定程度上決定了商業銀行管理決策層的激勵和約束方案，所以其產權制度作為重要因素同樣會影響到商業銀行的經營效率。

（2）商業銀行規模

一般而言，商業銀行規模可由商業銀行的分支機構、物理營業網點（或商業銀行分理處）、ATM 的數量、總資產、信貸規模或業務類型總額等指標進行度量。當商業銀行通過增加業務量或業務類型及分支機構物理營業網點等方式擴大經營時，其經營成本在一定程度上會得到降低；隨著商業銀行可提供業務量或業務類型的增多，商業銀行的客戶量、盈利渠道及服務質量等均會得到相應的改善，由此呈現出商業銀行由於規模的擴大帶來的規模經濟效應，從而進一步提升商業銀行營運效率。然而規模經濟效應也是會受到規模大小的影響的，即商業銀行無限制地擴大其規模將導致銀行管理成本、員工費用、辦公所需租金的增加，甚至可能會因為規模過於龐大導致管理上的困難以及雇傭雙方的期望目標不一致等情況，進而給商業銀行帶來一系列損失，使其出現規模不經濟現象。因此商業銀行需要適度把控其自身規模的大小，以便適當的規模能對商業銀行產生正面積極的影響，進而達到提升商業銀行的效率的目的。

（3）商業銀行資產質量

為了更好地反應銀行的資產質量，按 1998 年中國人民銀行頒布的《貸款風險分類指導原則（試行）》（銀發〔1998〕151 號）對銀行信用貸款實行五級分類法，即將信用貸款分為正常、關注、次級、可疑和損失五個類別，其

中，次級、可疑和損失三類信用貸款合稱為不良貸款。前面已提到商業銀行是一種經營風險的特殊企業，因此商業銀行的資產質量直接受商業銀行經營風險水準和控制成本水準的影響。因此，商業銀行正常營運與否取決於商業銀行資產質量的高低，進而在一定程度上關係到商業銀行未來能否生存下去或可持續發展。然而，商業銀行資產質量對商業銀行營運效率主要通過以下路徑產生一定的影響。當商業銀行擁有高質量的資產時，商業銀行風險將得到有效控制，銀行的資金運轉處於正常狀態，因此商業銀行可因高質量資產獲得豐厚的回報，從而提升自身的營運效率；相反，如果商業銀行的資產質量較差，例如商業銀行擁有較高的不良貸款率，即可能出現一部分信用貸款的投放的本金和所產生的利息收入將不能按時收回的現象，從而增加了銀行的機會成本，可能會影響到商業銀行的正常營運，給商業銀行帶來經營風險，進而會影響到商業銀行營運效率的提升。

(4) 商業銀行員工整體素質

商業銀行雖為資本密集型企業，但同時又是服務型企業，其對人力資源的需求十分突出，尤其在金融全球化、利率市場化、「互聯網+」、大數據以及雲計算的大背景下，商業銀行對金融專業人才的需求越來越強烈。然而隨著中國對外資銀行地不斷開放，金融人才則不斷地流失，這一現象在一定程度上對商業銀行效率產生了一定的影響。因此商業銀行員工的綜合素質的高低對商業銀行的影響較大。其中，商業銀行員工的綜合素質主要體現在業務能力、創新研發能力、實踐工作經驗、工作的積極性以及對待工作的責任心等方面。員工素質對商業銀行效率的影響主要表現為：如果商業銀行員工擁有較高的綜合素質，將有利於商業銀行已有業務的正常開展和新業務的研發，進而將提高商業銀行的營運效率；反之則不然。

(5) 商業銀行治理機制

商業銀行的治理機制遵循了企業治理機制的一般原則，仍以最大化商業銀行股東利益為首要目標，並通過建立以董事會、監事會、股東大會、高級管理層等管理機構為主體的組織架構來保證商業銀行的正常運行。針對管理權和經營權的分離問題即委託—代理問題，商業銀行可實施有效的制衡制度來加以解決。如果商業銀行擁有良好的治理機制，一定程度上可以有效降低代理成本和經營風險，進而提高商業銀行的營運效率。

除了上述幾個方面外影響商業銀行營運效率的因素還有很多，例如，商業銀行對市場的控制力即市場份額佔有率、商業銀行自身的戰略目標與規劃、商業銀行管理者的素質和修養、商業銀行上市與否以及新股上市、商業銀行民營

化程度、引進國外戰略投資者、商業銀行的性質（即是國有商業銀行、股份制商業銀行、城市商業銀行、農村商業銀行等）、商業銀行間的併購與重組、商業銀行新信息技術的運用程度等，這裡將不一一細述。

3 商業銀行效率測度方法

在經濟學有關生產理論研究中，經常選用生產函數來描述生產技術關係，即在特定生產技術的條件下，各種不同生產要素投入的組合對應的最大產出量所形成的邊界被稱為生產前沿面（Production frontier），類似地，也有成本前沿面、效率前沿面等。前沿生產函數的基本思路就是利用樣本數據構建一個生產前沿面，再利用每個樣本數據與這一前沿面的相對距離來測算和比較效率的大小。

目前，在測度銀行效率的研究中，最常用的方法是隨機前沿分析法（Stochastic Frontier Approach，SFA）和數據包絡分析法（Data Envelopment Approach，DEA）[1]。SFA 和 DEA 方法採用不同方式構造前沿面，進而比較實際數據與前沿面之間的距離判斷是否存在技術無效率。下面就這兩種方法進行簡要介紹。

3.1 非參數研究方法

3.1.1 數據包絡分析方法

數據包絡分析（DEA）模型屬於非參數模型。DEA 方法屬於線性規劃方法，所謂的效率前沿就是通過連接所有可能的最佳方案樣本觀察點形成分段曲線組合，從而得到一個凸性的生產可能性集合。最佳產出所組成的集合作為前沿將所有的觀察點包含在其中，其效率值是最高的，其他的決策單位及其線性組合在投入要素既定的情況下是不能生產出更多的產出量的，也不能以更少的投入要素生產出既定的產出量。近年來關於 DEA 模型的拓展工作從未停息過，現在已經發展出了多階段 DEA 模型，如二階段 DEA 模型和三階段 DEA 模型，

---

[1] 測度銀行效率的方法還有財務指標分析法等，此處僅考慮最常用的兩種。

此處 DEA 模型不是本研究考慮的重點，故不介紹，僅介紹最基礎的 DEA 模型，即給定產出時投入導向的 DEA 模型。

$$\min_{\lambda} \theta_i$$

$$s.\ t.\ -y_i + Y\lambda \geq \vec{0},\ \theta_i x_i - X\lambda \geq \vec{0},$$

$$\sum_{i=1}^{N} \lambda_i \leq 1,\ \lambda \geq \vec{0}$$

其中，y_i、x_i、θ_i 分別為銀行 i 的產出向量、投入要素向量、效率，Y 和 X 分別為所有銀行的產出矩陣和投入要素矩陣，λ 為 N 維待估參數向量。

DEA 方法的優點為：①不需要對生產函數的形式進行事先設定，即不存在模型設定錯誤的問題；②易處理多投入和多產出的情形。該方法的不足之處為：①沒有考慮不確定性因素的影響，如沒有考慮測量誤差、外部不確定因素如天氣等的影響，進而導致分析結果不準確；②對異常值十分敏感；③不能對參數的估計結果進行顯著性檢驗；④只考慮單期效率值，即靜態分析；⑤要求決策單元具有可比性。

3.1.2 Malmquist 指數（全要素生產率）法

Malmquist 指數（全要素生產率）方法是由 Malmquist（1953）基於數據包絡分析方法提出來的①，直接從投入和產出的角度出發考慮全要素生產率變化率（Total Factor Productivity Change，TFPC），由多投入多產出的模型通過簡單計算得到全要素生產率的變動率情況。

Malmquist 指數如下：

$$M_i = \left[\frac{D_i^t(x_i^{t+1},\ y_i^{t+1})}{D_i^t(x_i^t,\ y_i^t)} \times \frac{D_i^{t+1}(x_i^{t+1},\ y_i^{t+1})}{D_i^{t+1}(x_i^t,\ y_i^t)} \right]^{\frac{1}{2}}$$

$$= \frac{D_i^{t+1}(x_i^{t+1},\ y_i^{t+1})}{D_i^t(x_i^t,\ y_i^t)} \times \left[\frac{D_i^t(x_i^{t+1},\ y_i^{t+1})}{D_i^{t+1}(x_i^{t+1},\ y_i^{t+1})} \times \frac{D_i^t(x_i^t,\ y_i^t)}{D_i^{t+1}(x_i^t,\ y_i^t)} \right]^{\frac{1}{2}}$$

$$\overset{\Delta}{=} EC \times TC \overset{\Delta}{=} TFPC$$

其中，x_i^t，y_i^t，$D_i^t(x_i^t,\ y_i^t)$，EC 和 TC 分別表示銀行 i 在時刻 t 的要素投入向量，產出向量，以時刻 t 的技術為參照的距離函數，技術效率變化和技術進步變化。

Malmquist 指數方法的優點為：①不用建立具體生產函數；②不需要對隨

---

① 目前，已有文獻將其與 SFA 方法進行結合研究效率問題。

機變量的分佈情況做任何假定；③採用多投入多產出的模型直接從投入和產出的角度出發考慮全要素生產率的變化率；④可以對多個不同國家或地區跨時期的樣本進行分析；⑤不需要考慮相關的價格信息；⑥可以將全要素生產率變化拆分成兩部分：生產效率變化和技術進步變化，這一來有利於分別測算效率和技術的變動情況。其不足之處與 DEA 方法類似。

3.2 參數研究方法

3.2.1 隨機前沿分析方法

隨機前沿分析（SFA）模型屬於參數模型。SFA 方法通過構造前沿生產函數來得到生產前沿面，因此需要估計前沿生產函數的參數，並將誤差項分解為統計誤差項（隨機誤差項，即由外部因素產生的結果，如運氣、天氣、地理、機器的表現等不可控因素）和管理誤差項（即由企業可控制的因素造成的，如技術和經濟無效，生產者和雇員的努力程度等可控因素）。

SFA 模型可以表示如下：

$y_{it} = f(x_{it}, \beta) \exp(v_{it} - u_{it})$，$i = 1, 2, \cdots, N$；$t = 1, 2, \cdots, T$

其中，y_{it} 為第 i 個銀行（決策單元）在 t 時刻的產出，$f(\cdot)$ 為前沿生產函數，x_{it} 為銀行 i 在 t 時刻的一組投入要素向量，β 為 k 維待估參數向量，隨機擾動項 $v_{it} \sim N(0, \sigma_v^2)$，$u_{it} \geq 0$ 為管理誤差項（技術無效率項，即銀行 i 在 t 時刻的實際產出與理論最大產出之間的距離），且對於任意的 i，t，v_{it} 與 u_{it} 均相互獨立。對 u_{it} 的分佈和 $f(\cdot)$ 的函數形式的假定不同就有不同的 SFA 模型。下面我們介紹一種較為一般的 SFA 模型，即 Battese 和 Coelli（1995）提出的 SFA 模型。

$u_{it} = z_{it}\delta + w_{it}$

其中，z_{it} 為 m 維影響技術無效率的因素向量，δ 為 m 維待估參數向量，w_{it} 是均值為零方差為 σ^2 的服從截尾正態分佈的隨機變量。

銀行 i 在 t 時刻的技術效率為：

$TE_{it} = \exp(-u_{it}) = \exp(-z_{it}\delta - w_{it})$

SFA 方法的優點為：①考慮了不確定性因素，且能將擾動項分解為隨機擾動項和管理誤差項；②可以對技術效率及影響技術效率的因素進行測算；③是一種動態研究技術，考慮了技術效率的時變性；④能對導致無效率的因素進行

分析。其不足之處是要求給出具體的生產函數形式和擾動項的具體分佈假設。

3.2.2 固定效應隨機前沿分析方法

Caudill 和 Ford（1993）通過蒙特中洛（Monte Carlo）模擬分析發現無效率隨機擾動項的異方差性導致前沿參數估計量發生改變；隨後，Caudill，Ford 和 Gropper（1995）研究表明無效率隨機擾動項異方差影響前沿函數參數估計量的有效性，同時，無效率隨機擾動項的非對稱性導致無效率前沿會隨其分散程度的增加而發生改變，且異方差性顯著地影響到銀行效率排名。Wang（2002）從無效率隨機擾動項異方差和非單調效率的視角對隨機前沿分析（SFA）模型進行研究，其實證研究結論表明，銀行效率模型中忽視非單調效率效應會導致誤導性結論的出現。

在 Wang（2002）的研究基礎之上，Wang 和 Ho（2010）從無效率隨機擾動項異方差、非單調效率以及前沿模型異質性角度出發，提出了無效率擾動項異方差固定效應隨機前沿模型，其中以利潤前沿模型為例：

$$y_{it} = \alpha_i + x_{it}\beta + v_{it} - u_{it}$$
$$u_{it} = h_{it} \cdot u_i^*$$
$$h_{it} = f(z_{it}\delta)$$
$$u_i^* \sim N^+(\mu, \sigma_u^2), \ v_{it} \sim N(0, \sigma_v^2), \ i = 1, 2,\ldots, N; \ t = 1, 2,\ldots, T$$

其中，i 和 t 分別代表銀行和時間，y_{it} 是第 i 個銀行利潤的對數形式，x_{it} 是 k 維相關影響因素對數形式的向量，α_i 為第 i 個銀行的固定效應，u_{it} 為測度利潤無效率的隨機變量，尺度函數 h_{it} 是 L 維非隨機無效率影響因素向量 z_{it} 的正函數，u_i^* 是取值為正的從零處截尾單邊隨機變量，且與 v_{it} 相互獨立。

綜上所述，Wang 和 Ho（2010）與 Battese 和 Coelli（1992，1995）最大的不同之處在於前者考慮了固定效應情形。

4 基於 SFA 方法的中印商業銀行利潤效率和成本效率研究

從 Berger 和 Humphrey（1997）對銀行效率的研究綜述中可以發現有關商業銀行效率的研究文獻比較多，但主要以歐美國家的銀行作為研究對象。通常，這些文獻主要考慮經濟發達的國家銀行效率，研究銀行業市場集中度、市場結構、管制程度、引進外資銀行及併購對銀行績效的影響（參考姚樹潔、姜春霞和馮根福，2011）。由於本研究主要關注中國銀行業的效率問題，因此僅針對有關文獻進行討論①。

近年來，國內學者對中國銀行業的效率進行了研究，多數研究結論顯示，國有商業銀行的效率比股份制商業銀行效率要低（張健華，2003；姚樹潔、馮根福、姜春霞，2004；劉琛，2004；宋增基、張宗益、袁茂，2009；姚樹潔、姜春霞、馮根福，2011；張國鳳、何煉成，2015；程水紅，2015；Fu、Heffernan，2007；Yao et al.，2007；Jiang et al.，2009；Berger et al.，2009）。此外，程巧玲（2007）的分析結果顯示，在其樣本期間內股份制銀行中上市部分的效率水準值優於股份制銀行中非上市部分的效率水準值，而股份制銀行中上市部分效率水準值又領先於國有銀行效率水準值，她還發現銀行業的整體效率呈現出不斷上升的趨勢。Zha、Liang、Wu 和 Bian（2016）研究結論表明，在其樣本研究期間內城市商業銀行比國有大型商業銀行和股份制商業銀行擁有更全面的技術效率水準，然而，從純技術效率水準的角度來看，城市商業銀行的純技術效率水準位於中間階段，其中股份制商業銀行表現最差。從上述研究結論可以發現，長達二三十年的改革開放提升了中國國內銀行整體績效，然而在不同所有制類型的銀行效率高低問題上存在著爭議。

正如 Wang 和 Ho（2010）所述，在實證分析中面板數據模型的一個優勢就是能刻畫個體（本研究中的銀行）間的異質性。然而，可以發現，在銀行

---

① 其他相關文獻的討論也可參考姚樹潔、姜春霞和馮根福（2011）的研究成果。

業無效率研究應用最為廣泛的 Battese 和 Coelli（1992，1995）以及採用不同類型的成本或生產函數柯布-道格拉斯生產函數或超越對數柯布-道格拉斯生產函數）的隨機前沿分析模型中的前沿函數部分仍採用 Pooled 形式的面板數據模型，即假定所有個體前沿函數的截距項和斜率項均相同。即基於 Battese 和 Coelli（1992，1995）以及採用不同類型的成本或生產函數的隨機前沿模型的商業銀行效率研究文獻在研究模型的設定上將不同所有制類型的商業銀行看成是同質的，此種做法可能存在一定的局限性。例如，從計量分析技術角度來看，將國有商業銀行、股份制商業銀行、城市商業銀行、農村商業銀行等放置在同一個模型中進行研究並得出結論，這一做法隱含了一個前提假設——上述商業銀行的營運模式或發展模式是相同的（姚樹潔、姜春霞和馮根福，2011）。然而，商業銀行自身定位、業務性質和種類、營業區域的限制等都決定了它們之間可能存在著不同的營運模式或發展模式，因此，將它們視為有相同模式進行處理分析可能會加大分析結果的偏差。再有，國內多數研究文獻採用了 Battese 和 Coelli（1995）或與之類似的隨機前沿分析模型對商業銀行效率進行度量與分析。然而，無論隨機前沿分析模型是採用相應的對數函數形式還是超越對數函數形式進行分析，其本質上仍是 pooled 模型——表明不同類型的商業銀行有著相同的邊際效應和水準效應，即認為國有商業銀行的營運模式（如利潤效率和成本效率）和農村商業銀行一樣的，上市商業銀行和非上市商業銀行的營運模式是相同的，這一點在實際問題中是值得商榷的。

儘管諸多文獻在銀行成本無效率和利潤無效率模型中加入了所有制類型或銀行上市狀態，然而，在銀行成本前沿模型和銀行利潤前沿模型中鮮有文獻考慮不同所有制類型或銀行上市狀態可能對前沿模型產生結構性影響，因為銀行成本或利潤無效率模型是建立在對應的前沿模型的基礎之上的，因此，有必要在銀行成本或利潤前沿模型的設定形式中考慮由不同所有制類型或銀行上市狀態等因素可能導致的結構性差異，並對考慮了結構性差異的銀行成本或利潤前沿模型進行嚴格的統計學檢驗，以免遺漏重要解釋變量使得銀行成本或利潤前沿模型估計產生偏誤，進而導致銀行成本或利潤無效率分析出現偏差。

再者，由於不同類型的銀行存在著規模或運作方式間的差別，因此，銀行成本或利潤前沿模型可能會出現異方差性問題，其中，Caudill 和 Ford（1993）通過蒙特卡洛（Monte Carlo）模擬分析發現無效率隨機擾動項的異方差性導致前沿參數估計量發生改變；隨後，Caudill, Ford 和 Gropper（1995）研究表明無效率隨機擾動項異方差影響前沿函數參數估計量的有效性，同時，無效率隨機擾動項的非對稱性導致無效率前沿會隨其分散程度的增加而發生改變，且異

方差性顯著地影響到銀行效率排名。Wang（2002）從無效率隨機擾動項異方差和非單調效率的視角對隨機前沿分析（SFA）模型進行研究，其實證研究結論表明，銀行效率模型中忽視非單調效率效應會導致誤導性結論的出現。

在 Wang（2002）的研究基礎之上，Wang 和 Ho（2010）從無效率隨機擾動項異方差、非單調效率以及前沿模型異質性角度出發，提出無效率擾動項異方差固定效應隨機前沿模型可以較好地解決上述問題。然而，在前沿函數效率研究中，僅有少數文獻注意到這一點，其中在銀行領域的文獻有 Matthews（2010），其他領域有 Kumbhakar, Lien 和 Hardaker（2012），Kellermann（2015）等，目前，鮮有文獻使用無效率擾動項異方差固定效應隨機前沿模型研究中國銀行業效率問題。

此處，值得一提的是，儘管譚政勳和李麗芳（2016）首次利用 Wang（2002）提出的無效率項非單調性變化且存在異方差性的隨機前沿模型對中國銀行業的效率進行了分析，然而，譚政勳和李麗芳並未注意到不同類型的銀行可能存在著結構性差異，此外，其並未檢驗樣本區間 1994—2013 年中國商業銀行的營運模式是否發生了突變，因為在這期間中國銀行業至少經歷了中國國有銀行壞帳剝離、2008 年的美國次貸危機以及 2011 年貸款準備計提比例的相關規定等重大事件。因此，在 Wang（2002）基礎之上，本研究試圖使用 Wang 和 Ho（2010）提出的無效率擾動項異方差固定效應隨機前沿模型對中國商業銀行效率進行分析。

儘管 Wang 和 Ho（2010）在前沿模型中考慮了個體固定效應，然而，前沿模型中的斜率項系數保持不變，表明不同銀行具有相同的結構變化，僅存在截距項上的不同。這一設定可能與現實不符。若不同類型銀行間存在顯著結構性差異，而人為假設其結構變化是相同的，這可能影響到前沿模型參數的估計，基於前沿模型估計結果的無效率擾動項的分析可能出現偏差，進而可能影響到銀行無效率水準的估計。因此，在模型可操作性和異質性之間進行對比分析後，本研究試圖通過引入相應的虛擬變量突顯出不同類型銀行間的差異，並對此進行檢驗，最終確定合適的模型形式。此外，本研究在銀行效率研究中綜合考慮風險因素對其效率的影響。

在相同的營運環境中，不同類型的商業銀行會受諸多共同因素的影響，例如，同一個城市的城市商業銀行和農村商業銀行間可能存在或多或少的關係，因此，不同銀行效率間可能存在著一定的相關性。

此外，當某一家或某一類銀行的成本效率高於另一家或另一類銀行時，其利潤效率未必呈現出同樣的規律，即其成本效率比對方高，而利潤效率卻比對方低。此時，如何判斷這樣的兩家或兩類銀行間的效率水準誰高誰低？上述問

題值得進一步被探討。

　　針對上述問題，本研究在構建模型時考慮了：不同類型銀行間的差異；商業銀行上市融資（部分資產民營化）對其效率的影響；在分析樣本中引入了境內外資銀行，中國加入世界貿易組織後，給予外資銀行國民待遇，這實質上對國內商業銀行造成了衝擊，將境內外資銀行引入模型可以更真實地反應改革開放以來中國商業銀行發展的狀況；採用象限圖分析銀行間的綜合效率水準，為銀行間綜合效率水準排名提供參考，銀行可以通過象限圖提供的信息判斷自身應該從成本效率角度還是利潤效率角度提升效率。

4.1　效率模型設定和主要影響因素選取

　　在分析商業銀行效率問題中常用方法之一就是隨機前沿分析方法（簡稱 SFA 方法），儘管 SFA 方法在模型函數形式的設定以及對擾動項的假設上備受爭議，但是 Fries 和 Taci（2005）認為作為參數方法中較具代表性的 SFA 方法可以將擾動項分離為隨機擾動項和無效率項兩部分，再加上對不確定的經濟環境等因素的考慮，SFA 方法相比非參數方法更適用於對發展中經濟體或轉型經濟體的效率進行研究。

　　再者，不同所有制類型或上市狀態的銀行間可能存在著差異，因此，本研究在 Wang 和 Ho（2010）無效率擾動項異方差固定效應隨機前沿模型的基礎上考慮不同類型商業銀行間可能存在的結構性差異、銀行上市狀態等進行建模，並對結構性差異假設和上市狀態進行檢驗以便使模型分析更具可靠性。

　　以 Wang 和 Ho（2010）無效率擾動項異方差固定效應隨機前沿模型中的利潤前沿模型為例：

$y_{it} = \alpha_i + x_{it}\beta + v_{it} - u_{it}$

$u_{it} = h_{it} \cdot u_i^*$

$h_{it} = f(z_{it}\delta)$

$u_i^* \sim N^+(\mu, \sigma_u^2),\ v_{it} \sim N(0, \sigma_v^2),\ i = 1, 2,\ldots, N;\ t = 1, 2,\ldots, T$

　　其中，i 和 t 分別代表銀行和時間，y_{it} 是第 i 個銀行利潤的對數形式，x_{it} 是 K 維相關影響因素對數形式的向量，α_i 為第 i 個銀行的固定效應，u_{it} 為測度利潤無效率的隨機變量，尺度函數 h_{it} 是 L 維非隨機無效率影響因素向量 z_{it} 的正函數，u_i^* 是取值為正的從零處截尾單邊隨機變量，且與 v_{it} 相互獨立。

　　在同一個金融體系中，不同銀行的無效率間由於受到諸多共同因素影響而

存在著一定的相關性，且不同類型銀行會表現出一定的差異，因而可以通過尺度函數 h_{it} 對不同銀行無效率間的相關性和異方差性進行刻畫，因此假設無效率隨機變量服從某種獨立分佈可能不合理，例如，Battese 和 Coelli（1992，1995）以及基於其建立的應用模型研究文獻。同時可以避免 Battese 和 Coelli（1992）對無效率的單調性假設①。

本研究利潤前沿函數設定如下②：

$$\ln(P_{it}) = \alpha_i + \sum_{j=1}^{2}\beta_j \ln(Y_{j,it}) + \sum_{k=1}^{3}\beta_{2+k}\ln(X_{k,it}) +$$

$$\sum_{m=1}^{7}\beta_{5+m}Ow_{m,it} * \ln(Y_{1,it}) + \sum_{s=1}^{2}\beta_{12+s}I_{s,it} * \ln(Y_{1,it}) +$$

$$\sum_{m=1}^{7}\beta_{14+m}Ow_{m,it} * \ln(Y_{2,it}) + \sum_{s=1}^{2}\beta_{21+s}I_{s,it} * \ln(Y_{2,it}) +$$

$$\sum_{m=1}^{7}\beta_{23+m}Ow_{m,it} * \ln(X_{1,it}) + \sum_{s=1}^{2}\beta_{30+s}I_{s,it} * \ln(X_{1,it}) +$$

$$\sum_{m=1}^{7}\beta_{32+m}Ow_{m,it} * \ln(X_{2,it}) + \sum_{s=1}^{2}\beta_{39+s}I_{s,it} * \ln(X_{2,it}) +$$

$$\sum_{m=1}^{7}\beta_{41+m}Ow_{m,it} * \ln(X_{3,it}) + \sum_{s=1}^{2}\beta_{48+s}I_{s,it} * \ln(X_{3,it}) +$$

$$v_{it} - u_{it}$$

其中，i 和 t 分別代表銀行和時間，$i = 1, 2, 3, \ldots, 106$，$t = 2,009, 2,010, \ldots, 2,013$，解釋變量和被解釋變量及其含義由表 4.1 給出，部分變量採用對數形式，u_{it} 和 v_{it} 定義同上，其中，模型截距項設定為固定效應可以體現不同國別及其宏觀環境因素對銀行效率的影響，同時 9 個虛擬變量的設置不僅可以體現出不同所有制類型或銀行上市狀態對銀行效率的影響，還可以體現出所在地區或國家及其宏觀環境因素對銀行效率影響。利潤前沿模型中的待估參數，α_i 為第 i 個銀行的固定效應，β_{9k-3}，β_{9k-2}，…，β_{9k+2}，β_{9k+3}，$k = 1, 2, \ldots, 5$，為不同所有制類型銀行的結構參數，β_{9k+4}，β_{9k+5}，$k = 1, 2, \ldots, 5$ 為不同上市狀態銀行的結構參數。

若 $\beta_{9k-3} = \beta_{9k-2} = \ldots = \beta_{9k+2} = \beta_{9k+3} = 0$，$k = 1, 2, \ldots, 5$，則表明不同所有制類

---

① Wang（2002）的文章中的第 242 頁所述。此外，本書選擇 SFA 方法主要考慮到，相較於非參數方法，參數方法能較好地描述前沿結構以及能較好地刻畫不同影響因素是如何影響效率的。

② 若不同銀行存在著不同的運行機制，則檢驗各主要影響因素的結構參數是否隨銀行不同發生改變，然而，由於樣本量有限，變系數檢驗將無法進行。因此，本章按銀行所有制類型和上市狀態對樣本中所有銀行進行劃分，以減少待估參數，提高估計精度，並進行變系數檢驗，考察前沿模型對不同銀行是否具有結構性差異。

型對銀行利潤前沿模型沒有影響；若 $\beta_{9k+4} = \beta_{9k+5} = 0$，$k = 1, 2, ..., 5$，則表明銀行上市與否對利潤前沿模型沒有影響。若參數 $\beta_6 = \beta_7 = ... = \beta_{50} = 0$，且 $\alpha_1 = \alpha_2 = ... = \alpha_{106}$，例如 Battese 和 Coelli（1995）的模型，則可以將所有銀行放置於同一框架下進行分析，否則，可能會因遺漏重要解釋變量而給利潤前沿模型估計帶來偏誤，進而可能影響到無效率模型的估計結果。因此，有必要對這些參數是否為零或相同進行檢驗。此外，在此框架下，若採用超越對數函數形式，模型待估參數將劇增，由於樣本獲取困難，因此模型估計精度會顯著下降，進而影響分析結果。因此，從實證估計結果的角度考慮，該模型設定是合理的。

表 4.1　成本前沿模型和利潤前沿模型的影響指標

變量類型	符號	變量名稱	變量定義
產出因素	Y_1	貸款總額	年末貸款總額
	Y_2	存款總額	年末存款總額
投入因素	X_1	資金價格	總利息支出除以總生息資金
	X_2	人工價格	員工支出除以員工數量
	X_3	所有者權益	年末所有者權益
因變量	TC	成本	營業支出
	P	淨利潤	銀行淨利潤
所有制類型	Ow_1	虛擬變量 1	1 代表其為中國國有商業銀行，0 代表其為其他類型
	Ow_2	虛擬變量 2	1 代表其為中國股份制商業銀行，0 代表其為其他類型
	Ow_3	虛擬變量 3	1 代表其為中國城市商業銀行，0 代表其為其他類型
	Ow_4	虛擬變量 4	1 代表其為中國農村商業銀行，0 代表其為其他類型
	Ow_5	虛擬變量 5	1 代表其為中國境內外資銀行，0 代表其為其他類型
	Ow_6	虛擬變量 6	1 代表其為印度公共銀行，0 代表其為其他類型
	Ow_7	虛擬變量 7	1 代表其為印度私有銀行，0 代表其為其他類型

表4.1(續)

變量類型	符號	變量名稱	變量定義
上市狀態	I_1	虛擬變量8	1代表其為中國境內上市銀行，0代表其為其他銀行①
	I_2	虛擬變量9	1代表其為印度境內上市銀行，0代表其為其他銀行

利潤前沿模型無效率部分的尺度函數設定如下：

$$h_{it} = e^{\sum_{j=1}^{3} \delta_j Z_{j,it} + \delta_4 t^2}$$

其中，隨機變量 ε_{it} 獨立且服從零均值同方差的分佈，解釋變量及定義參見表4.2，待估參數為 δ_1, δ_2, δ_3, δ_4。無效率部分尺度函數考察了無效率項是否存在異方差現象、是否存在相關性。

t 時點 i 銀行的利潤效率：$0 \leq PE_{it} = \exp(-u_{it}) \leq 1$。

對於成本效率有關模型的構建與利潤效率類似，僅需要將利潤前沿模型中的無效率項改為 u_{it} 即可。

表4.2 利潤無效率和成本無效率部分尺度函數影響指標及其定義

變量類型	符號	變量名稱	變量定義
風險指標	Z_1	資產穩定性	所有者權益與總資產的比例
	Z_2	資產質量	不良貸款與總貸款的比例
	Z_3	資產流動性	總存款與總貸款的比例
時間趨勢	t^2	時間趨勢項	2009年到2013年分別對應取1到5

在銀行投入要素價格的定義上，Mountain 和 Thomas（1999）採用市場平均投入要素價格代替銀行各自的投入要素價格進行模型估計和分析。然而這種做法雖然可以從理論上解決投入要素價格外生性假設問題，但在現實分析中市場平均投入要素價格是很難獲取的，即用幾十家銀行代替將近上千家來計算平均投入要素價格，這一處理方法所產生的誤差可想而知；其次，銀行各自的投入要素價格的制定，例如，資金成本價格從某種意義上說是在中國人民銀行規定的最低存款利率的基礎之上參考市場價格而定的，所以本研究仍採用銀行各自的投入要素價格進行分析，可參見姚樹潔、姜春霞和馮根福（2011）的研究。

---

① 例如，若中國境內 A 銀行在 2009 年上市，則 $I_{1,At} = 1$, t = 2,009, 2,010,..., 2,013；若印度境內 B 銀行在 2011 年上市，則 $I_{2,B,2,009} = I_{2,B,2,000} = 0$, $I_{2,Bt} = 1$, t = 2,011, 2,012, 2,013。

4.2 成本效率和利潤效率實證研究

本研究重點關注中印兩國境內商業銀行,其中,中國境內商業銀行包括國有商業銀行、股份制商業銀行、城市商業銀行、農村商業銀行和境內外資銀行五類,印度境內商業銀行包括公共銀行、私有銀行和境內外資銀行三類。2007年中國對上市公司開始實行新會計準則制度,為了統一口徑,本研究樣本取自2009—2013年中國境內72家銀行和印度境內34家銀行[①],共530個觀測值。

在模型設定方面,無論是銀行利潤效率模型還是銀行成本效率模型,模型中均包含了固定效應,儘管固定效應可能揭示出當控制其他影響因素不變的情況下,不同所有制銀行或銀行上市狀態可能對利潤或成本效率產生水準影響,但仍未揭示不同所有制銀行或銀行上市狀態可能導致的不同類型銀行內在運行模式間的差異。因此,我們對兩類模型的邊際效應是否可變進行了檢驗[②]。若檢驗結果顯示模型應該設定為邊際效應可變的情形,而實際模型卻設定為模型邊際效應不變的情形,則模型可能存在設定偏誤,進而可能導致模型參數估計結果不可靠、檢驗失效等現象。然而,大多數研究不僅假設不同銀行的結構相同,就連截距項都設定為同質的。面板數據模型的一大特點便是不僅能擴充樣本容量,還能較好地反應模型中不同銀行的異質性。再者,由於不同國家商業銀行間規模、業務特色、管理者水準、宏觀政策、開放程度、上市狀態等都存在著巨大的差異,因此,在分析銀行效率時對兩類模型進行結構同質性檢驗就顯得尤為重要。

接下來,以利潤效率模型為例,對結構參數進行檢驗[③],無約束條件模型原假設為 H_0: β_6, β_7,..., β_{50} 不全為零,其對數似然函數值 Log(L)為 99.995,3。

[①] 共抽取了48家印度境內商業銀行,但由於有14家商業銀行的部分數據有缺失,故最終剩下了34家印度商業銀行作為分析樣本。

[②] 這句話還可表述為對兩類模型的邊際效應同質性進行檢驗,兩種說法所表達的含義相同。

[③] 此處的參數檢驗採用的是基於有約束模型和無約束模型對應的極大對數似然函數值構造的似然比檢驗統計量進行統計學檢驗,並得出相應結論。

表4.3 利潤模型結構同質性假設檢驗結果1

邊際效應不變的解釋變量	H_0(約束條件模型)	Log(L)	LR 統計量	檢驗結論
所有解釋變量	$\beta_6 = \beta_7 = ... = \beta_{50} = 0$	-3.179,7	206.35***	拒絕 H_0
Y_2, X_1, X_2, X_3	$\beta_{9k+6} = \beta_{5k+7} = ... = \beta_{9k+14}$ $= 0, k = 1,2,3,4$	21.353,6	157.283,4***	拒絕 H_0
Y_1, X_1, X_2, X_3	$\beta_{9k+6} = \beta_{5k+7} = ... = \beta_{9k+14}$ $= 0, k = 0,2,3,4$	28.584,1	142.822,4***	拒絕 H_0
Y_1, Y_2, X_2, X_3	$\beta_{9k+6} = \beta_{5k+7} = ... = \beta_{9k+14}$ $= 0, k = 0,1,3,4$	17.849,8	164.291***	拒絕 H_0
Y_1, Y_2, X_1, X_3	$\beta_{9k+6} = \beta_{5k+7} = ... = \beta_{9k+14}$ $= 0, k = 0,1,2,4$	12.458,2	175.074,2***	拒絕 H_0
Y_1, Y_2, X_1, X_2	$\beta_{9k+6} = \beta_{5k+7} = ... = \beta_{9k+14}$ $= 0, k = 0,1,2,3$	12.264,5	175.461,6***	拒絕 H_0

註:1. 當原假設中的約束等式的個數為45時,LR 統計量服從自由度為45的卡方分佈;當原假設中的約束等式的個數為36時,LR 統計量服從自由度為36的卡方分佈。

2.「***」表示在1%的顯著性水準下顯著。

表4.4 利潤模型結構同質性假設檢驗結果2

邊際效應不變的解釋變量	H_0(約束條件模型)	Log(L)	LR 統計量	檢驗結論
X_1, X_2, X_3	$\beta_{9k+6} = \beta_{5k+7} = ... = \beta_{9k+14}$ $= 0, k = 2,3,4$	35.059,9	129.870,8***	拒絕 H_0
Y_2, X_2, X_3	$\beta_{9k+6} = \beta_{5k+7} = ... = \beta_{9k+14}$ $= 0, k = 1,3,4$	54.837,7	90.315,2***	拒絕 H_0
Y_2, X_1, X_3	$\beta_{9k+6} = \beta_{5k+7} = ... = \beta_{9k+14}$ $= 0, k = 1,2,4$	26.677,8	146.635***	拒絕 H_0
Y_2, X_1, X_2	$\beta_{9k+6} = \beta_{5k+7} = ... = \beta_{9k+14}$ $= 0, k = 1,2,3$	34.862,2	130.266,2***	拒絕 H_0
Y_1, X_2, X_3	$\beta_{9k+6} = \beta_{5k+7} = ... = \beta_{9k+14}$ $= 0, k = 0,3,4$	81.500,1	36.990,4	不拒絕 H_0
Y_1, X_1, X_3	$\beta_{9k+6} = \beta_{5k+7} = ... = \beta_{9k+14}$ $= 0, k = 0,2,4$	36.573,8	126.843***	拒絕 H_0
Y_1, X_1, X_2	$\beta_{9k+6} = \beta_{5k+7} = ... = \beta_{9k+14}$ $= 0, k = 0,2,3$	40.186,6	119.617***	拒絕 H_0

表4.4(續)

邊際效應不變的解釋變量	H₀(約束條件模型)	Log(L)	LR 統計量	檢驗結論
Y_1, Y_2, X_3	$\beta_{9k+6} = \beta_{5k+7} = \ldots = \beta_{9k+14} = 0, k = 0,1,4$	32.275,9	135.438,8***	拒絕 H₀
Y_1, Y_2, X_2	$\beta_{9k+6} = \beta_{5k+7} = \ldots = \beta_{9k+14} = 0, k = 0,1,3$	39.706,3	120.578***	拒絕 H₀
Y_1, Y_2, X_1	$\beta_{9k+6} = \beta_{5k+7} = \ldots = \beta_{9k+14} = 0, k = 0,1,2$	19.493,8	161.003***	拒絕 H₀

註:1. 當原假設中的約束等式的個數為 27 時,LR 統計量服從自由度為 27 的卡方分佈。

2.「***」表示在對應分佈下以 1%的顯著性水準拒絕原假設。

表 4.3 和表 4.4 的結果初步顯示,變量 Y_1、X_2 和 X_3 具有系數不變性(對所有銀行結構影響相同),接下來,在 Y_2 和 X_1 的基礎之上,進一步檢驗存款總額(變量 Y_2)和資金價格(變量 X_1)是否存在結構性差異。此時,對應的無約束條件模型原假設為 $H_0: \beta_{15}, \beta_{16}, \ldots, \beta_{32}$ 不全為零,無約束模型的對數似然函數值為 81.500,1。

表 4.5　利潤模型結構同質性假設檢驗結果 3

邊際效應不變的解釋變量	H₀(約束條件模型)	Log(L)	LR 統計量	檢驗結論
Y_2, X_1	$\beta_{15} = \beta_{16} = \ldots = \beta_{32} = 0$	-3.179,7	189.359,6***	拒絕 H₀
Y_2	$\beta_{15} = \beta_{16} = \ldots = \beta_{23} = 0$	28.584,1	105.832***	拒絕 H₀
X_1	$\beta_{24} = \beta_{25} = \ldots = \beta_{32} = 0$	17.849,8	127.300,6***	拒絕 H₀

註:1. 當原假設中的約束等式的個數為 9 時,LR 統計量服從自由度為 9 的卡方分佈。

2.「***」表示在對應分佈下以 1%的顯著性水準拒絕原假設。

綜合表 4.3 至表 4.5 的檢驗結論,該樣本表明變量 Y_2 和 X_1 的系數不全為零,因此,模型結構性差異表現在 Y_2 和 X_1 上。類似地,可以得到中印兩國銀行的成本前沿模型的迴歸結果見表 4.6①。

表 4.6 給出了中印兩國銀行的成本前沿模型和利潤前沿模型的估計結果,從成本前沿函數模型迴歸結果和利潤前沿函數模型迴歸結果可以看出,銀行的

---

① 報告所採用的模型是基於 Wang 和 Ho (2010),其考慮了異方差存在的情形,儘管沒有檢驗模型異方差是否存在,而是直接採用穩健性標準誤對檢驗統計量進行修正,但該處理方法依然有效,因為當僅存在異方差時,其並不影響參數估計量的結果,僅影響其對應的方差。

所有制類型和上市與否對銀行成本和利潤前沿模型亦產生顯著影響，尤其是利潤前沿函數模型。因此，從迴歸結果可以看出，銀行的盈利模式或成本產生模式呈現出一定的結構性差異，此時，若將模型設定為無結構差異，可能會遺漏重要變量進而導致模型估計產生偏誤。因此，從計量經濟學模型分析技術角度出發，可認為在利潤前沿模型或成本前沿模型中考慮上市狀態和所有制類型對前沿模型產生的結構性差異是合理的。

表 4.6　成本前沿模型和利潤前沿模型估計結果

利潤前沿函數			成本前沿函數		
變量名	系數估計值	穩健標準誤	變量名	系數估計值	穩健標準誤
$\ln(Y_{1,it})$	0.267,5	0.172,6	$\ln(Y_{1,it})$	0.682,9	0.381,8*
$\ln(Y_{2,it})$	−1.605,3	1.130,6	$\ln(Y_{2,it})$	0.537,3	0.073,7***
$\ln(X_{1,it})$	−0.885,6	0.380,5**	$\ln(X_{1,it})$	0.159,8	0.030,6***
$\ln(X_{2,it})$	0.011,8	0.006,8*	$\ln(X_{2,it})$	−0.005,4	0.006,7
$\ln(X_{3,it})$	0.378,5	0.082,3***	−	−	−
$Ow_1 * \ln(Y_{2,it})$	1.761,5	1.186,7	$Ow_1 * \ln(Y_{1,it})$	−0.322,6	0.501,9
$Ow_2 * \ln(Y_{2,it})$	2.082,8	1.139,4*	$Ow_2 * \ln(Y_{1,it})$	−0.098,6	0.389,1
$Ow_3 * \ln(Y_{2,it})$	1.942,9	1.130,4*	$Ow_3 * \ln(Y_{1,it})$	−0.215,9	0.383,5
$Ow_4 * \ln(Y_{2,it})$	1.714,3	1.149,1	$Ow_4 * \ln(Y_{1,it})$	−0.225,5	0.404,6
$Ow_5 * \ln(Y_{2,it})$	0.051,6	1.157,0	$Ow_5 * \ln(Y_{1,it})$	−0.639,9	0.395,9
$Ow_6 * \ln(Y_{2,it})$	−0.168,2	1.204,9	$Ow_6 * \ln(Y_{1,it})$	0.305,3	0.428,4
$Ow_7 * \ln(Y_{2,it})$	1.447,9	1.158,1	$Ow_7 * \ln(Y_{1,it})$	0.110,1	0.395,8
$I_{1,it} * \ln(Y_{2,it})$	−0.035,9	0.034,6	$I_{1,it} * \ln(Y_{1,it})$	0.013,7	0.014,0
$I_{2,it} * \ln(Y_{2,it})$	−0.058,7	0.318,0	$I_{2,it} * \ln(Y_{1,it})$	−0.123,8	0.143,2
$Ow_1 * \ln(X_{1,it})$	1.094,6	0.529,6**	$Ow_1 * \ln(X_{2,it})$	0.468,2	0.420,1
$Ow_2 * \ln(X_{1,it})$	1.256,9	0.446***	$Ow_2 * \ln(X_{2,it})$	0.293,3	0.111,5***
$Ow_3 * \ln(X_{1,it})$	0.715,5	0.387,8*	$Ow_3 * \ln(X_{2,it})$	0.351,5	0.049,4***
$Ow_4 * \ln(X_{1,it})$	1.145,9	0.449,8**	$Ow_4 * \ln(X_{2,it})$	0.400,4	0.140,1***
$Ow_5 * \ln(X_{1,it})$	2.081,4	0.401,8***	$Ow_5 * \ln(X_{2,it})$	0.656,0	0.138,9***
$Ow_6 * \ln(X_{1,it})$	−1.643,9	0.624,3***	$Ow_6 * \ln(X_{2,it})$	−0.001,1	0.009,6
$Ow_7 * \ln(X_{1,it})$	−0.385,1	0.611,8	$Ow_7 * \ln(X_{2,it})$	0.002,8	0.009,2

表4.6(續)

$I_{1,it}*\ln(X_{1,it})$	−0.155,7	0.151,4	$I_{1,it}*\ln(X_{2,it})$	−0.080,9	0.068,0
$I_{2,it}*\ln(X_{1,it})$	0.766,2	0.509,2	$I_{2,it}*\ln(X_{2,it})$	0.003,5	0.006,4
利潤無效率待估參數			成本無效率待估參數		
變量名	系數估計值	穩健標準誤	變量名	系數估計值	穩健標準誤
$Z_{1,it}$	9.220,7	1.274,5***	$Z_{1,it}$	4.924,3	1.453,3***
$Z_{2,it}$	19.765,0	5.056,9***	$Z_{2,it}$	1.426,1	4.803,3
$Z_{3,it}$	0.617,2	0.148,6***	$Z_{3,it}$	−0.268,5	0.378,5
t^2	−0.221,4	0.025,6***	t^2	−0.090,4	0.017,0***
c_v	−3.540,5	0.078,4***	c_v	−5.149,9	0.087,5***
c_u	−4.565,9	0.676,5***	c_u	−2.534,5	0.992,9***
$\gamma = \dfrac{\sigma_u^2}{\sigma_v^2+\sigma_u^2}$	0.264,8		$\gamma = \dfrac{\sigma_u^2}{\sigma_v^2+\sigma_u^2}$	0.931,4	

註:1. 表格中的符號「*」「**」和「***」分別表示在10%、5%和1%的顯著性水準下是統計顯著的。

2. $c_v = \ln(\sigma_v^2)$,$c_u = \ln(\sigma_u^2)$。

最終,通過統計學檢驗後,中印兩國商業銀行利潤效率模型選擇了5個解釋變量,而成本效率模型則選擇了4個解釋變量。表4.6的迴歸結果表明不同類型銀行的利潤效率模型在變量 Y_2 和 X_1 上體現出了結構差異,而不同類型銀行的成本效率模型則在變量 Y_1 和 X_2 上存在結構差異,若此時將不同類型銀行的利潤效率模型和成本效率模型設定為僅在截距項上存在固定效應,而設定變量邊際效應為同質的,勢必引起模型設定偏誤,可能會引起模型分析誤差。從無效率的估計結果可以看出,資產穩定性和資產質量對利潤效率和成本效率產生負面影響,即銀行自有資本越多,對銀行效率提升的阻礙越大;類似地,在中國,大多數商業銀行在一定程度上仍是採用以傳統借貸模式為主的營運模式作為主要的盈利手段,隨著銀行信貸質量的不斷下降以及大量銀行自有資產被置於風險環境之中,銀行管理效率和盈利效率都會受到影響,表現為不良貸款占總貸款的比例越大,銀行效率越低。

為了進一步驗證前文描述的中印兩國不同所有制類型的商業銀行、銀行上市狀態或國別可能對銀行效率產生的差異性影響,本研究採用圖形的方式對比

了 Wang 和 Ho 模型、Battese 和 Coelli（1995）模型①（Frontier4.1 軟件採用的模型）以及考慮了結構差異的 Wang 和 Ho 模型的迴歸結果。從圖 4.1 至圖 4.18中可以明顯發現，不同模型對銀行效率的估計是存在差異的，尤其是 Battese 和 Coelli（1995）模型的估計結果。

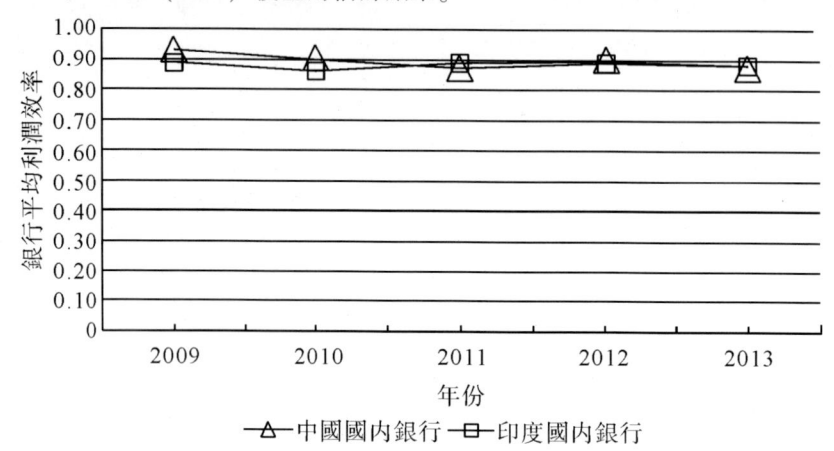

（a）全局情形

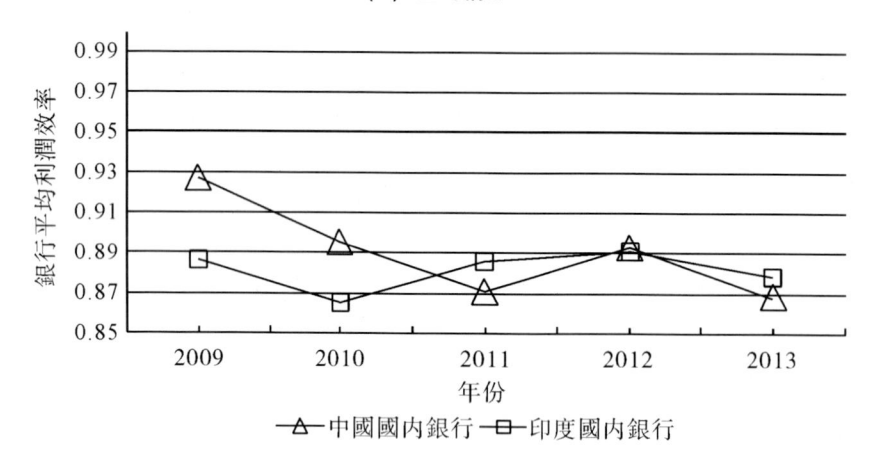

（b）局部情形

圖 4.1　中印兩國銀行的平均利潤效率水準（2009—2013，不含外資銀行）②

---

① 在模型設定和變量選擇方面，有關基本的成本或利潤前沿模型以及成本或利潤無效率模型的具體函數形式可以參見 Battese 和 Coelli（1995）或姚樹潔、姜春霞和馮根福（2011），故此處不再贅述。

② 為了便於觀察細微變化，圖 4.1 給出了全局圖和局部圖，下文做法類似，故下文不再標註。

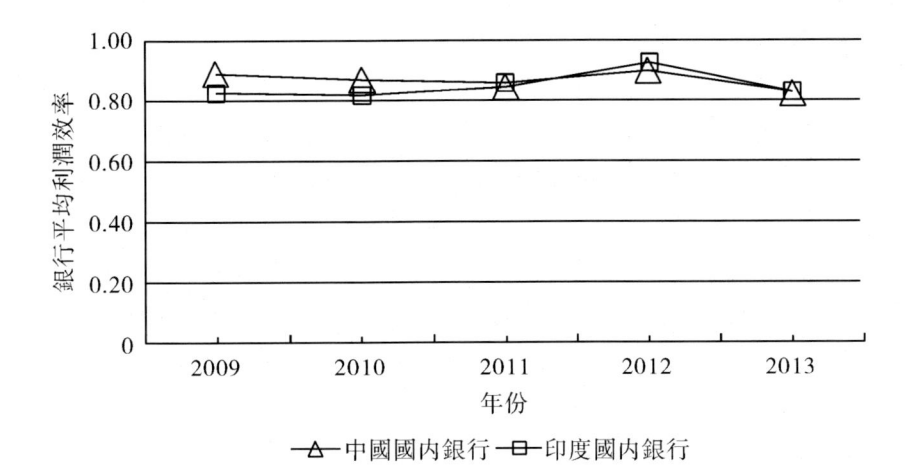

(a) Wang 和 Ho 模型迴歸結果

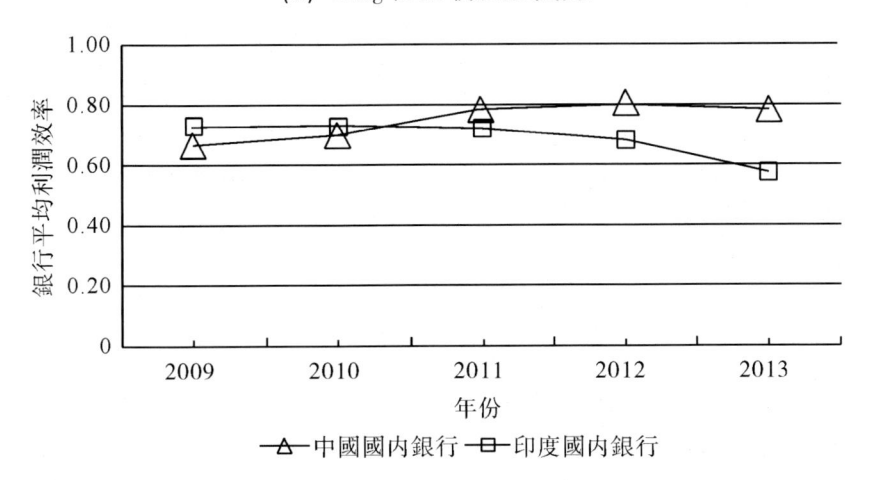

(b) Battese 和 Coelli（1995）迴歸結果

圖 4.2　中印兩國銀行的平均利潤效率水準（2009—2013 年，不含外資銀行）

　　圖 4.1 和圖 4.2 顯示中印兩國商業銀行的平均利潤效率水準和平均成本效率水準間未呈現出明顯差別。可能原因在於平均效率水準抹平了個體間的差異。因此，我們需要進一步探討兩國銀行的利潤效率和成本效率是否存在差別及其原因等。

　　從圖 4.1 和圖 4.2 中可知，以 2013 年為例，中國商業銀行的平均利潤效率為 82.14%，印度商業銀行的平均利潤效率為 82.51%，而平均成本效率方面，中國商業銀行和印度商業銀行分別為 84.18% 和 73.54%。表明在相同技術水準和投入的情況下，相比理論上的最大利潤和最小成本，中國商業銀行的平

均利潤低了 17.86%，平均成本高了 15.82%；印度商業銀行的平均利潤低了 17.49%，平均成本高了 26.14%。中國在 2011 年開始進入一個低速發展階段，這種發展狀態將成為中國經濟新常態，儘管中國經濟發展步入新常態時期，但中國銀行業平均成本效率仍有增長趨勢，而平均利潤效率幾乎保持恆定。可能原因在於 2008 年全球金融危機之後，四萬億的刺激政策使得銀行信貸規模顯著增長，這短期有助於成本效率和利潤效率的提升，但長期來看，不良貸款的增加將抑制銀行效率的提升。2010 年 3 月至 2011 年 12 月印度中央銀行為了遏制國內通貨膨脹連續 13 次加息。此舉使得印度商業銀行貸款利息增加，從而使得銀行利潤效率得到小幅增加。

(a) 全局情形

(b) 局部情形

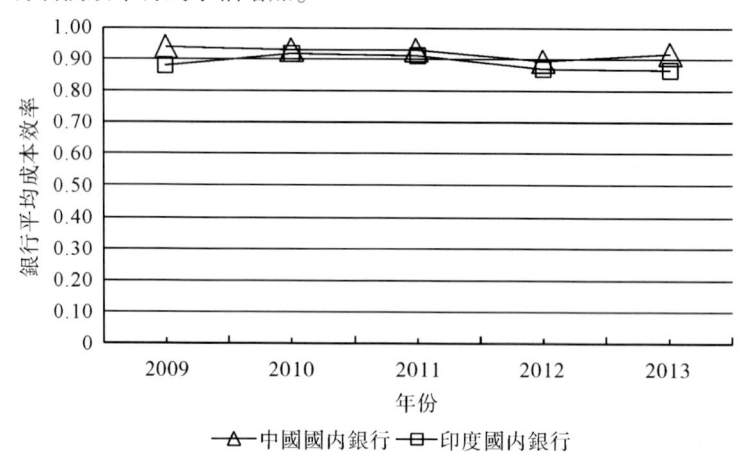

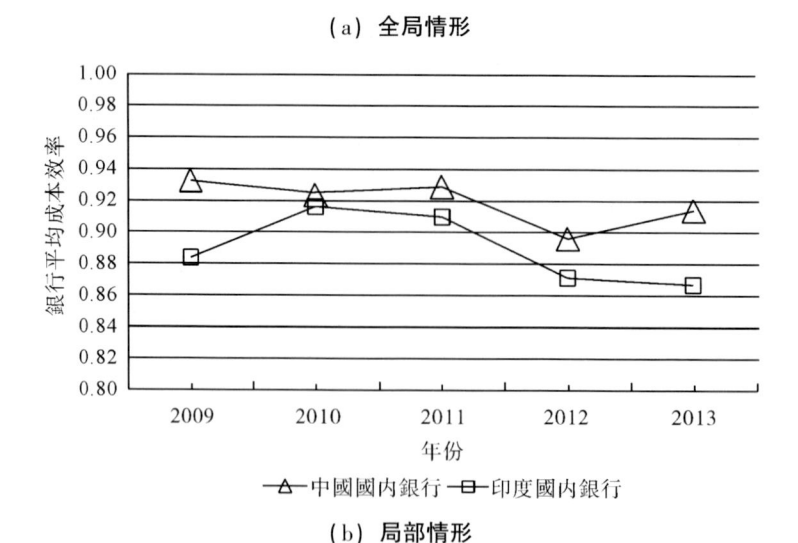

圖 4.3　中印兩國銀行的平均成本效率水準（2009—2013 年，不含外資銀行）

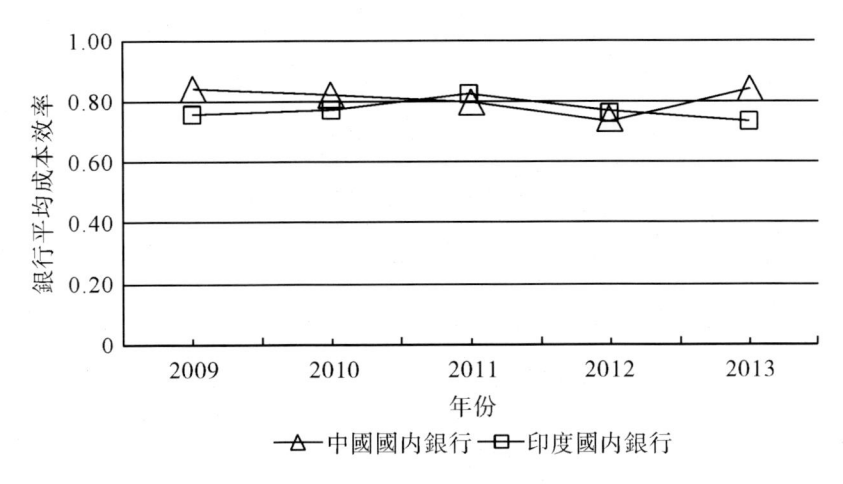

(a) Wang 和 Ho 模型迴歸結果

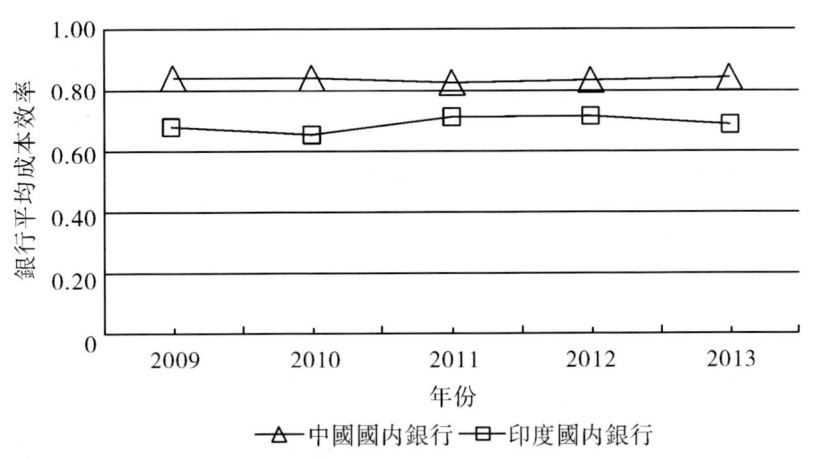

(b) Battese 和 Coelli（1995）迴歸結果

圖 4.4　中印兩國銀行的平均成本效率水準（2009—2013 年，不含外資銀行）

　　圖 4.1 顯示 2009—2013 年間兩國商業銀行的平均利潤效率水準相當且相對於其平均成本效率水準而言較為穩定，基本維持在 88% 左右的水準。然而，圖 4.3 表明儘管中國商業銀行平均成本效率水準較印度商業銀行平均成本效率水準略高，尤其是 2011—2013 年兩國銀行平均成本效率水準差距呈擴大趨勢，然而，兩國商業銀行的平均成本效率從 2010 年開始出現明顯下滑，到 2013 年中國商業銀行平均成本效率水準出現了小幅上揚，而印度商業銀行平均成本效率水準下滑了近 5%。

　　2011 年 7 月 27 日公布的中國銀行業監督管理委員會審議通過的《商業銀

行貸款損失準備管理辦法》中第 7 條規定：貸款撥備率基本標準為 2.5%，撥備覆蓋率基本標準為 150%。該兩項標準中的較高者為商業銀行貸款損失準備的監管標準。此項規定在一定程度上提升了中國商業銀行的風險承擔能力，同時也降低了商業銀行的成本效率，這一點在圖 4.3 中得到了明顯的體現。

2010 年 3 月至 2011 年 12 月印度中央銀行為了遏制國內通貨膨脹連續 13 次加息。此舉使得印度商業銀行存款利息增加，銀行利息費用增加最終使得銀行成本效率降低。為了刺激經濟增長，2012 年 4 月印度中央銀行自 2009 年以來首次降息，這也使得印度銀行成本效率的下降幅度得到一定程度的抑制。

對比圖 4.3 和圖 4.4 可以發現，若採用無結構差異的 Wang 和 Ho 模型進行分析，可能會得出兩國商業銀行平均成本效率水準基本穩定的結論；而 Battese 和 Coelli（1992，1995）模型分析結果顯示，2009—2013 年中國商業銀行平均成本效率水準一般要高出印度商業銀行約 10%。這一結論與考慮結構差異的 Wang 和 Ho 模型相比差別較大。類似的結論在圖 4.5 至圖 4.18 中均有所體現。

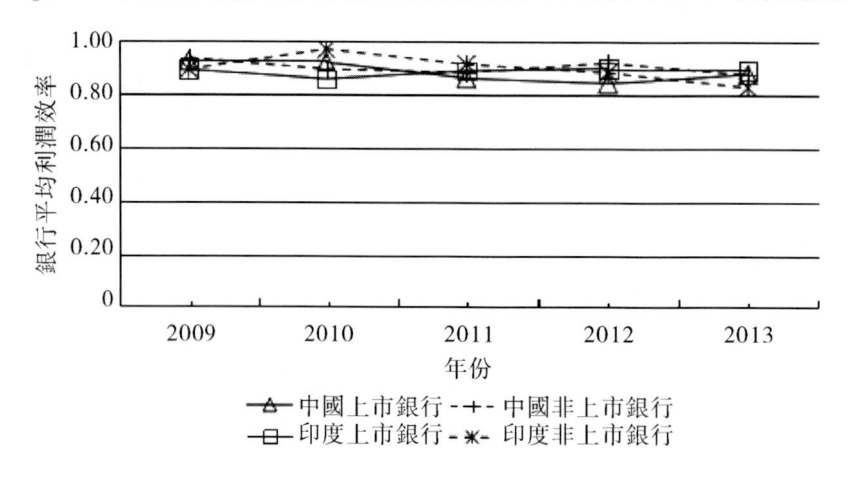

圖 4.5　中印兩國上市、非上市銀行的平均利潤效率水準
（2009—2013 年，不含外資銀行）

(a) Wang 和 Ho 模型迴歸結果

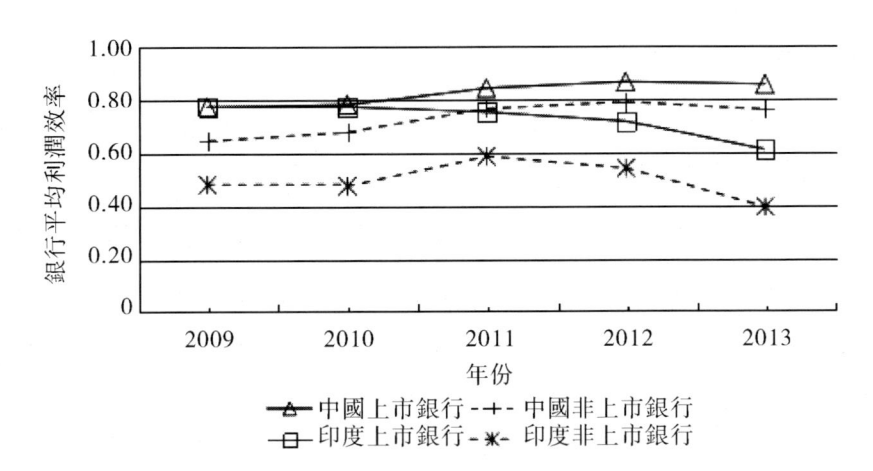

(b) Battese 和 Coelli（1995）迴歸結果

圖 4.6　中印兩國上市、非上市銀行的平均利潤效率水準

（2009—2013 年，不含外資銀行）

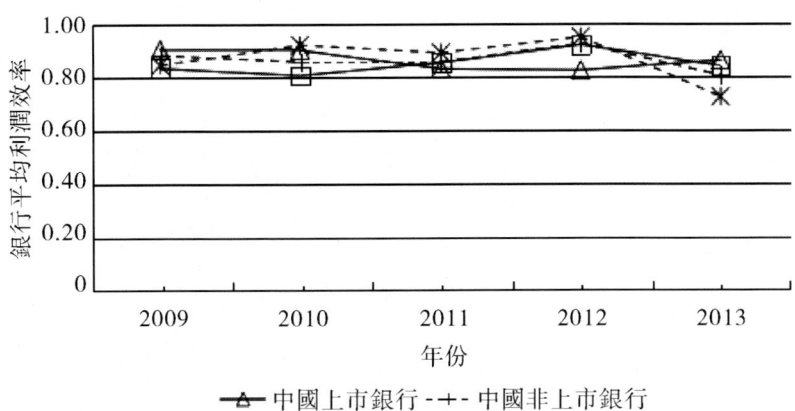

(a) 全局情形

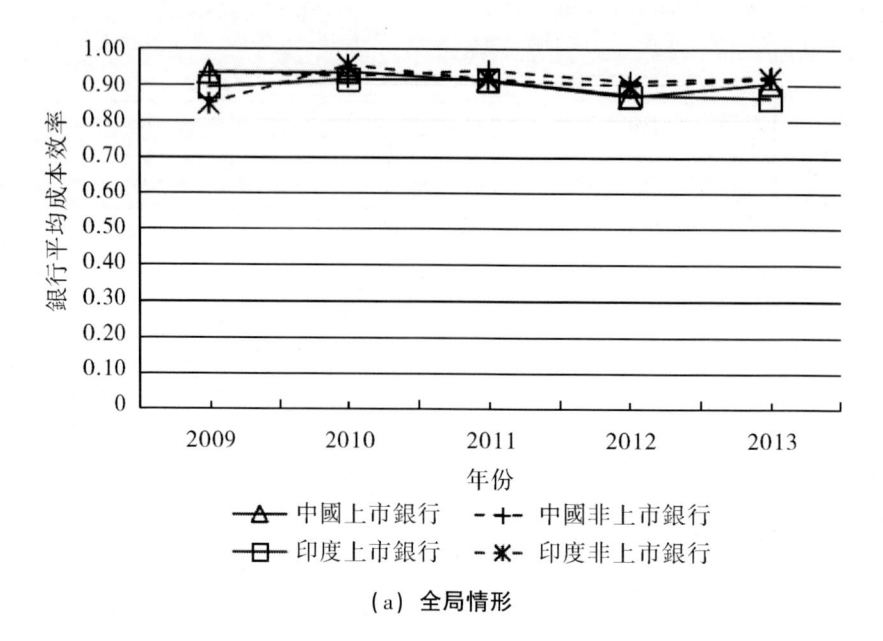

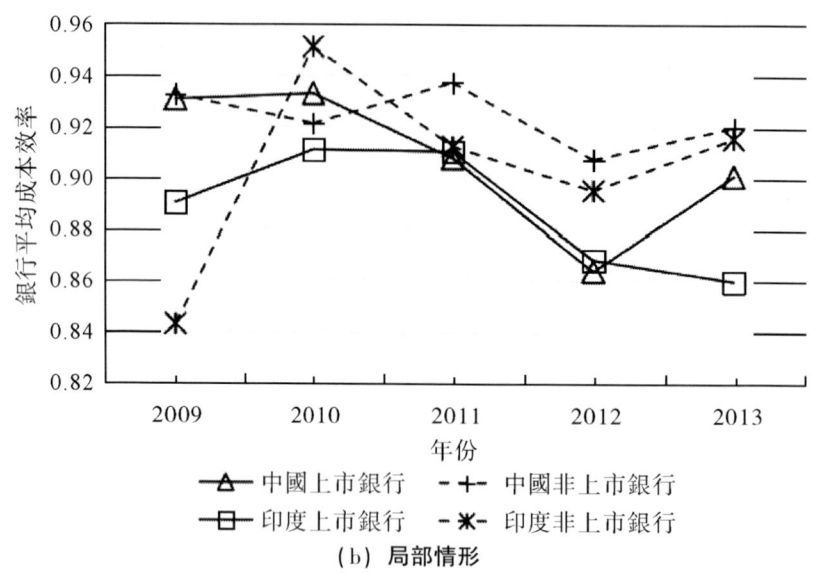

(b) 局部情形

圖 4.7　中印兩國上市、非上市銀行的平均成本效率水準
（2009—2013 年，不含外資銀行）

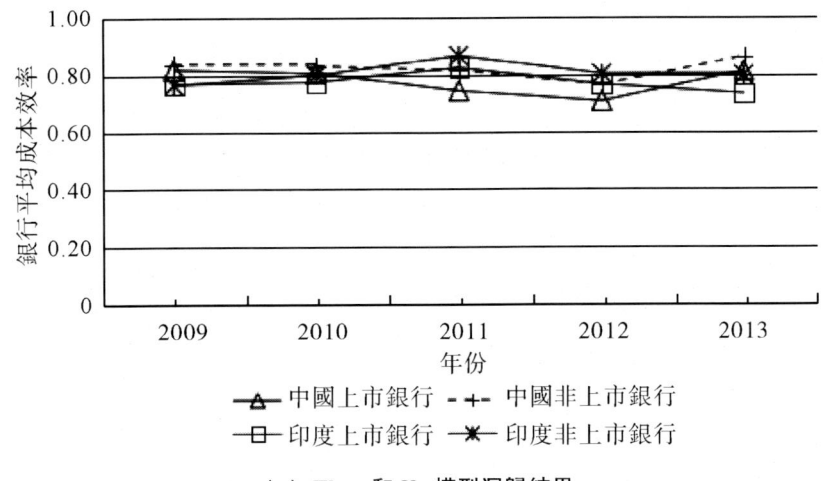

(a) Wang 和 Ho 模型迴歸結果

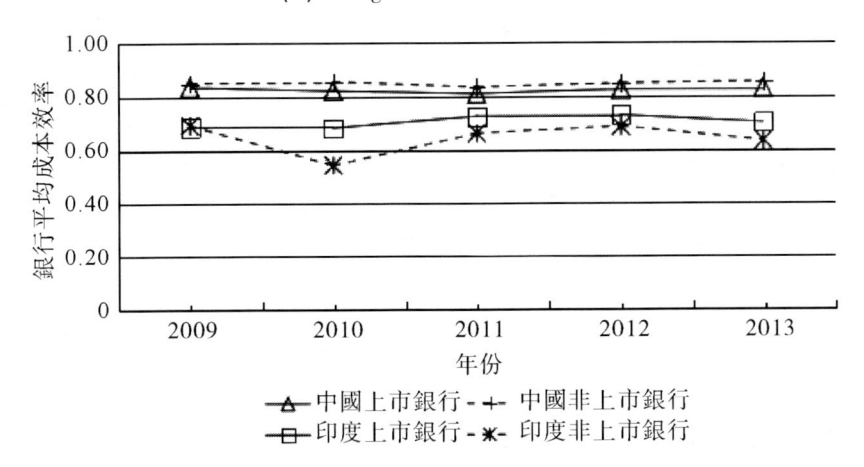

(b) Battese 和 Coelli（1995）迴歸結果

圖 4.8　中印兩國上市、非上市銀行的平均
成本效率水準（2009—2013 年，不含外資銀行）

　　圖 4.5 至圖 4.8 給出了中印兩國上市商業銀行與非上市商業銀行的平均利潤效率水準和平均成本效率水準。圖 4.5 顯示銀行上市狀態對兩國商業銀行平均利潤均未帶來明顯差異，更未表現出圖 4.6 中 Battese 和 Coelli（1995）模型估計的那樣上市銀行平均利潤效率要高於非上市銀行平均利潤效率［與姚樹潔、姜春霞和馮根福（2011）以及毛洪濤、何熙瓊和張福華（2013）的結論不同］；且無論上市與否，中國商業銀行的平均利潤效率均高於印度商業銀行的平均利潤效率水準。儘管圖 4.7 和圖 4.8 顯示在研究樣本期內銀行上市狀態

4　基於 SFA 方法的中印商業銀行利潤效率和成本效率研究 ｜ 71

對兩國商業銀行的平均成本效率仍未表現出顯著影響，但可以發現，在研究樣本期間，兩國上市銀行的平均成本效率要略低於非上市銀行的平均成本效率，且兩國上市銀行的平均成本效率與非上市銀行的平均成本效率均無顯著性差異。其分析思路與圖4.1至圖4.4的情形類似。上市銀行由於受到相應監管，其執行效率未必比非上市銀行要高。

此處，本研究將中印兩國商業銀行按其所有制類型分別進行分析，原因有二個：第一，由於中印兩國商業銀行的所有制類型不同，不宜直接對比分析，第二，中印兩國商業銀行類型共有8類，若置於同一圖中，不易清晰觀測。其中，圖4.9至圖4.12反應的是不同所有制類型對中國境內商業銀行平均利潤效率水準和平均成本效率水準的影響；圖4.13至圖4.16則反應的是不同所有制類型對印度境內商業銀行平均利潤和成本效率的影響。接下來，分別對其進行分析。

(a) 全局情形

(b) 局部情形

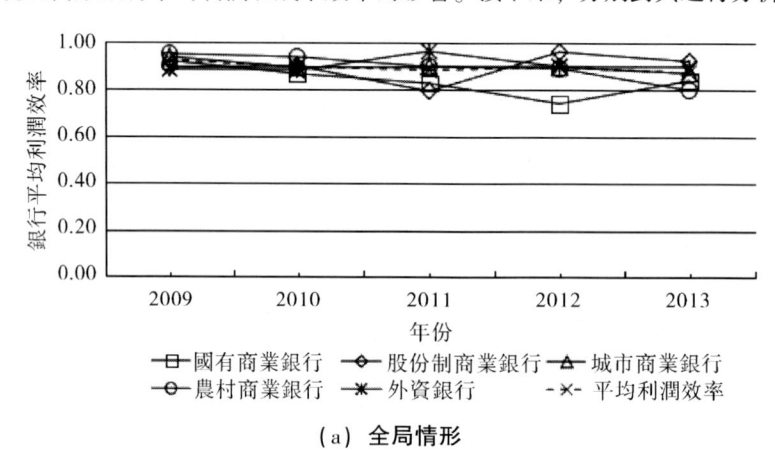

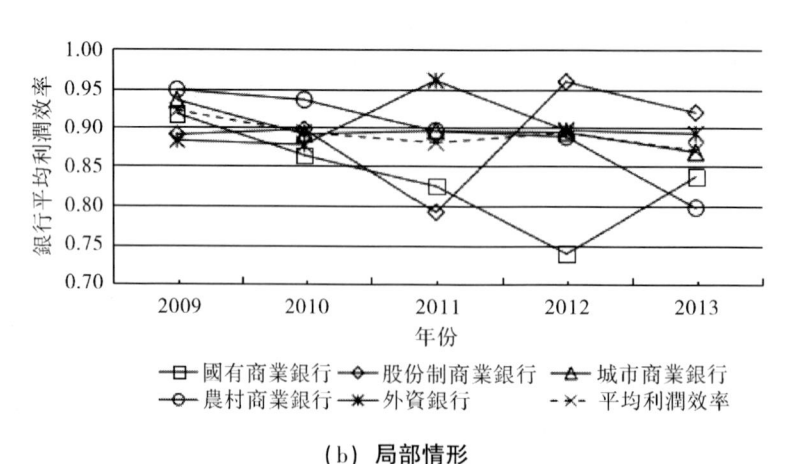

圖4.9 中國境內不同類型銀行平均利潤效率水準（2009—2013年）

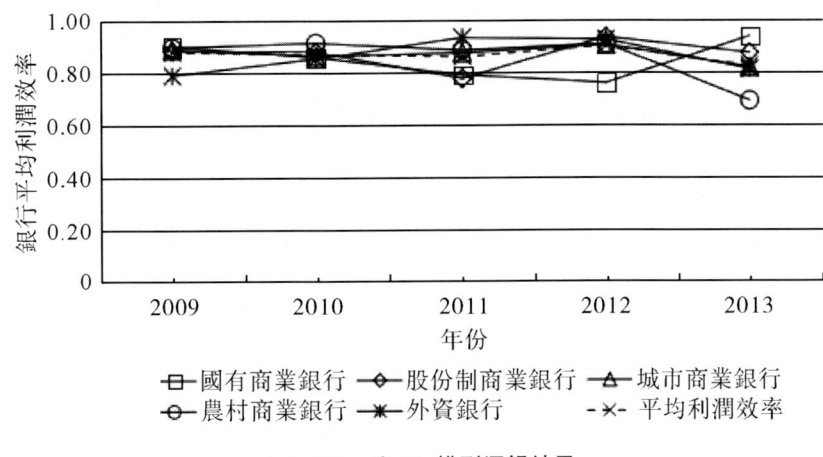

(a) Wang 和 Ho 模型迴歸結果

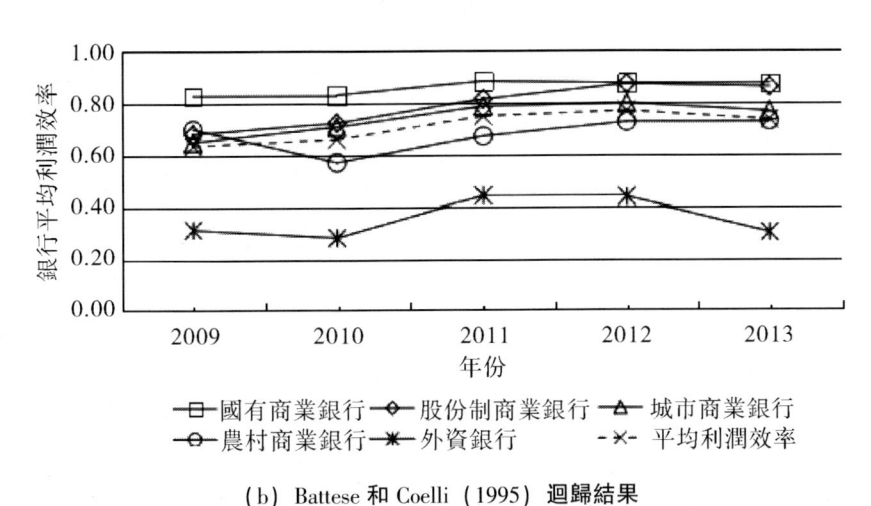

(b) Battese 和 Coelli（1995）迴歸結果

圖 4.10　中國境內不同類型銀行平均利潤效率水準（2009—2013 年）

　　圖 4.9 顯示，2009—2013 年中國境內商業銀行的平均利潤效率相對較為穩定。相對於農村商業銀行、城市商業銀行和中國境內外資銀行的平均利潤效率水準而言，國有商業銀行的平均利潤效率水準較低，且低於中國境內商業銀行平均利潤效率水準，並於 2009—2012 年逐年下降，並非如姚樹潔、姜春霞和馮根福（2011）所述的那樣。農村商業銀行、城市商業銀行和中國境內外資銀行相對較為穩定。股份制商業銀行的平均利潤效率從 2010—2012 年出現了大幅波動，2010—2011 年下降了近 10%，2011 年到 2012 年提高了近 15%。

　　然而，圖 4.11 和圖 4.12 顯示總體而言農村商業銀行的平均成本效率最

高，高於中國商業銀行平均水準，從 2010 年開始國有商業銀行的成本效率出現下滑，下滑幅度近 10%。從 2011 年開始，中國境內商業銀行的平均成本效率水準呈小幅下降趨勢。

(a) 全局情形

(b) 局部情形

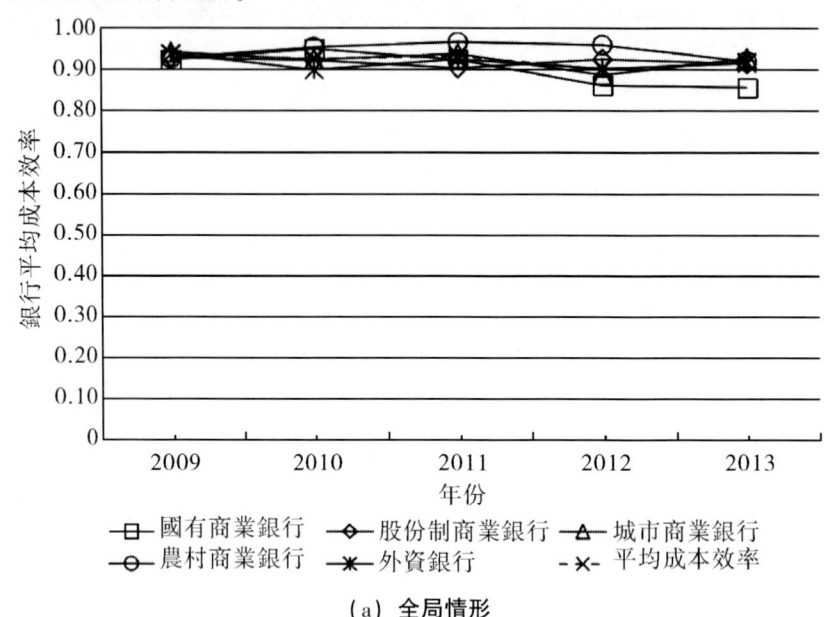

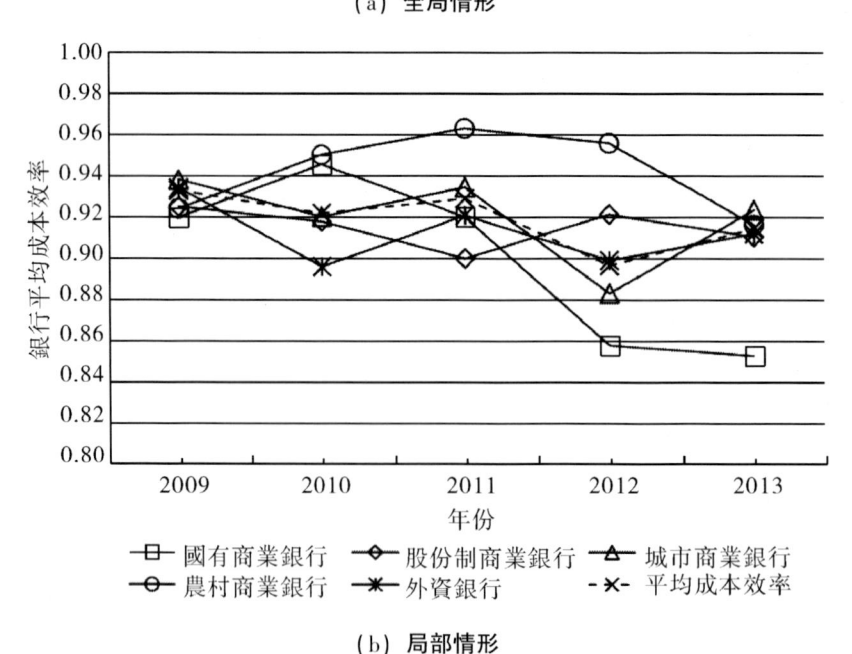

圖 4.11　中國境內不同類型銀行平均成本效率水準（2009—2013 年）

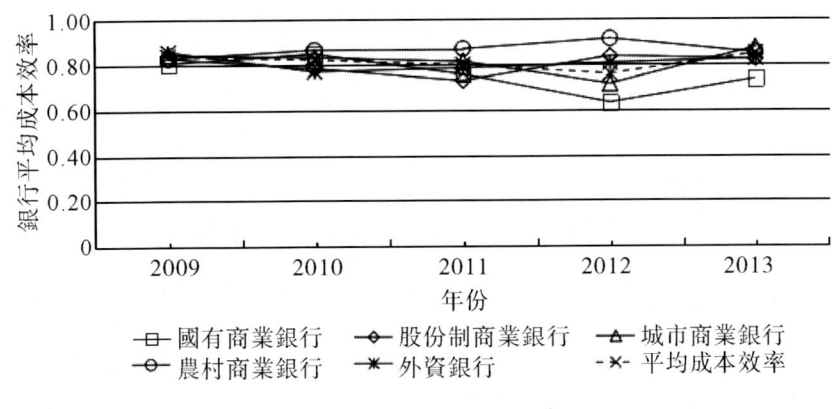

(a) Wang 和 Ho 模型迴歸結果

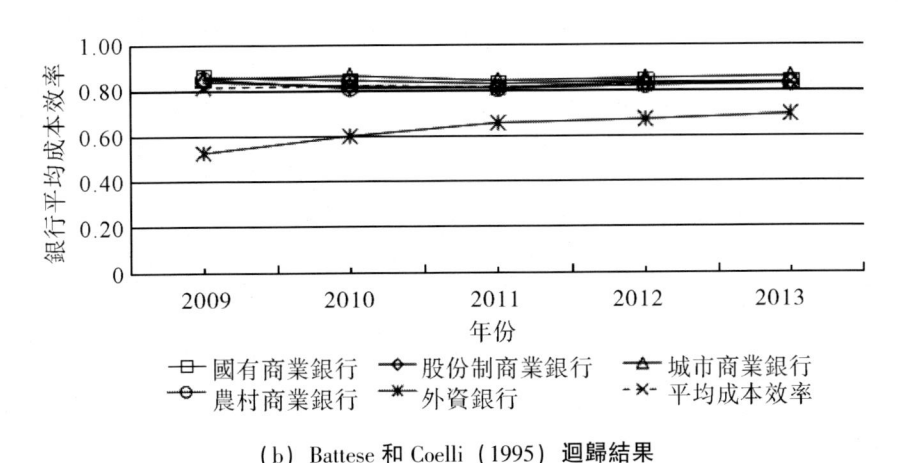

(b) Battese 和 Coelli（1995）迴歸結果

圖 4.12 中國境內不同類型銀行平均成本效率水準（2009—2013 年）

圖 4.13 和圖 4.14 繪製了印度不同所有制類型的商業銀行的平均利潤效率圖，印度公共銀行和私有銀行的平均利潤效率水準相對較為穩定，基本處於行業平均水準；私有銀行的利潤效率略高於公共銀行的利潤效率；印度境內外資銀行的利潤效率波動較為明顯，可能是由於受到了 2008 年以來其母公司全球戰略的影響，2009—2010 年下降了近 20%，2010—2011 年又反彈了近 25%，隨後相對較為穩定。

從圖 4.15 和圖 4.16 可以看出，從 2010 年開始，印度公共銀行平均成本效率出現明顯的下降趨勢，2013 年印度公共銀行平均成本效率相對於 2010 年下降了近 12%，私有銀行出現小幅波動，而外資銀行波動較大。

(a) 全局情形

(b) 局部情形

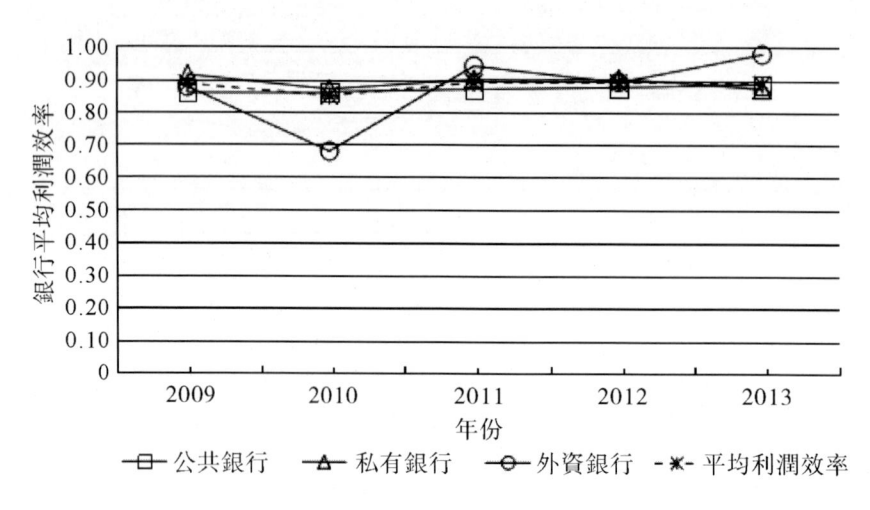

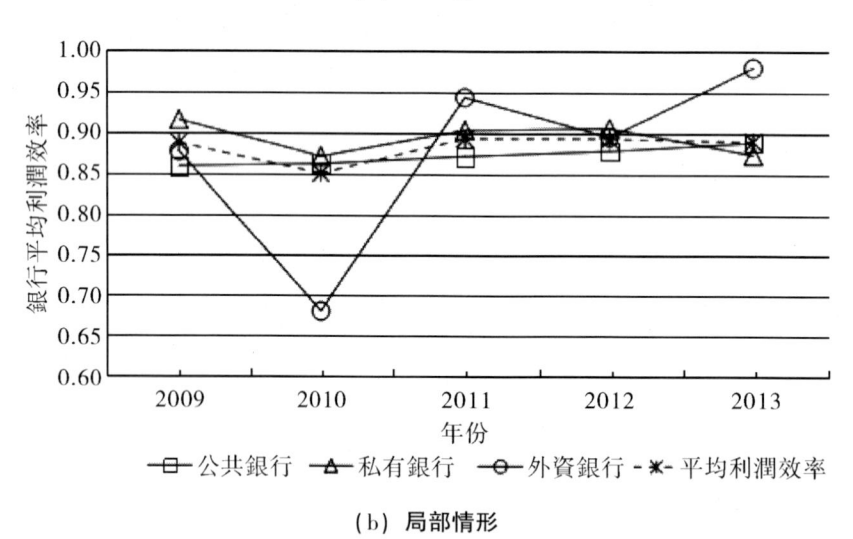

圖4.13　印度境內不同類型銀行平均利潤效率水準（2009—2013年）

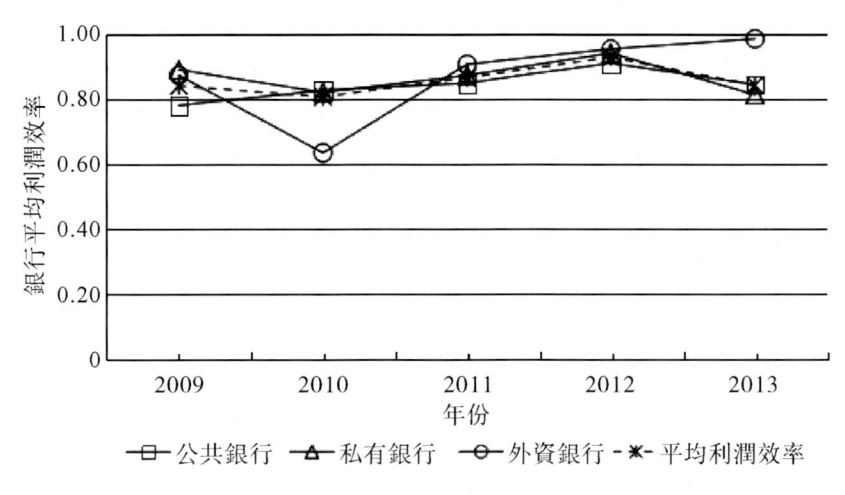

(a) Wang 和 Ho 模型迴歸結果

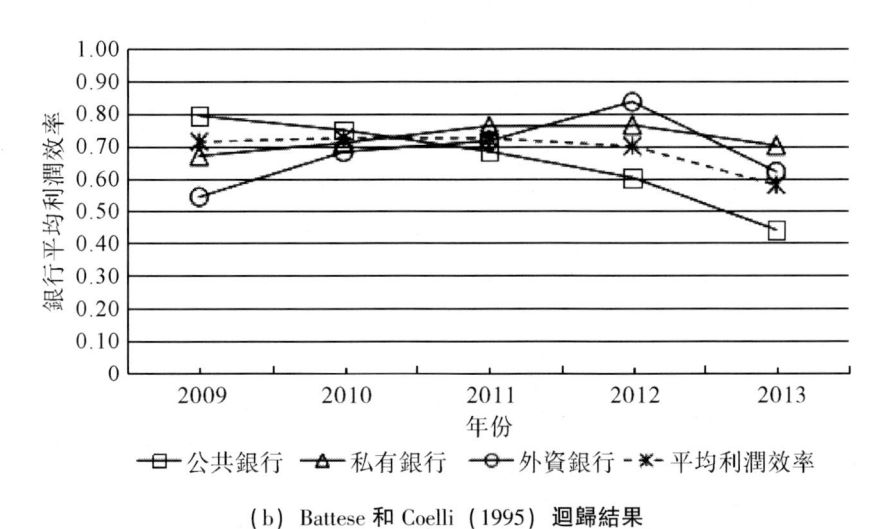

(b) Battese 和 Coelli（1995）迴歸結果

圖 4.14　印度境內不同類型銀行平均利潤效率水準（2009—2013 年）

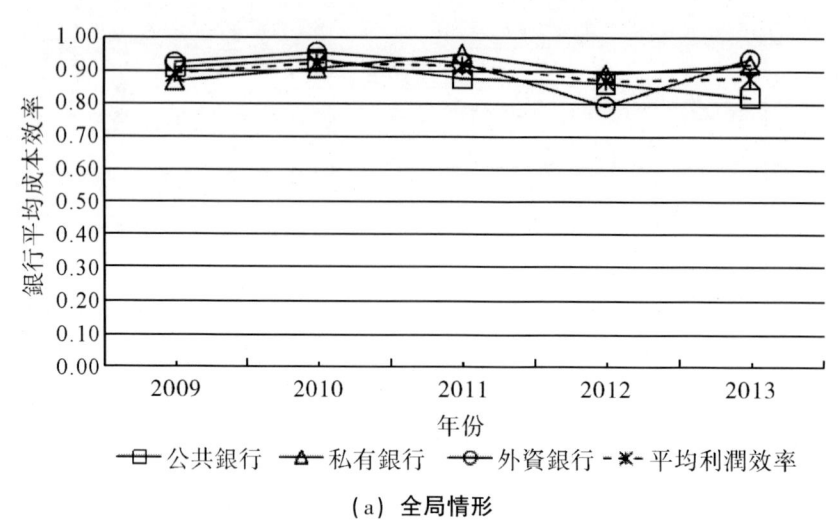

(a) 全局情形

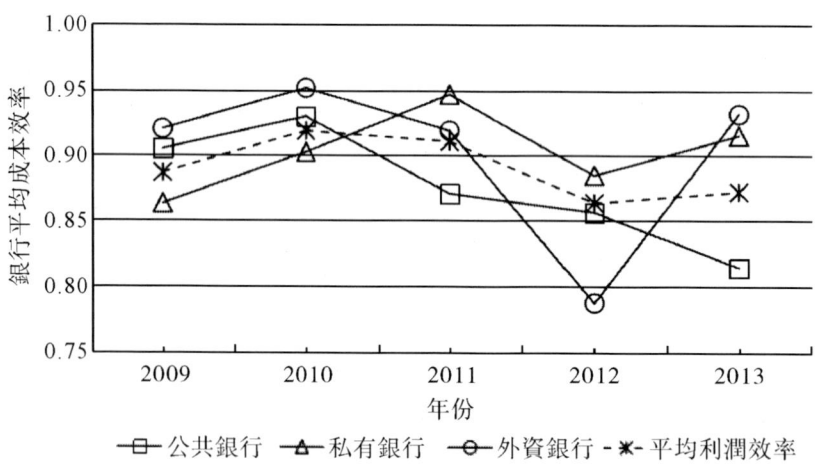

(b) 局部情形

圖 4.15　印度境內不同類型銀行平均成本效率水準（2009—2013 年）

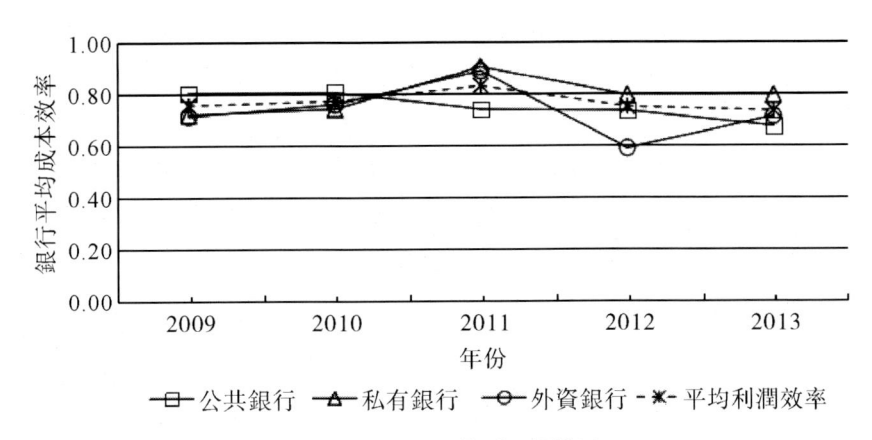

(a) Wang 和 Ho 模型迴歸結果

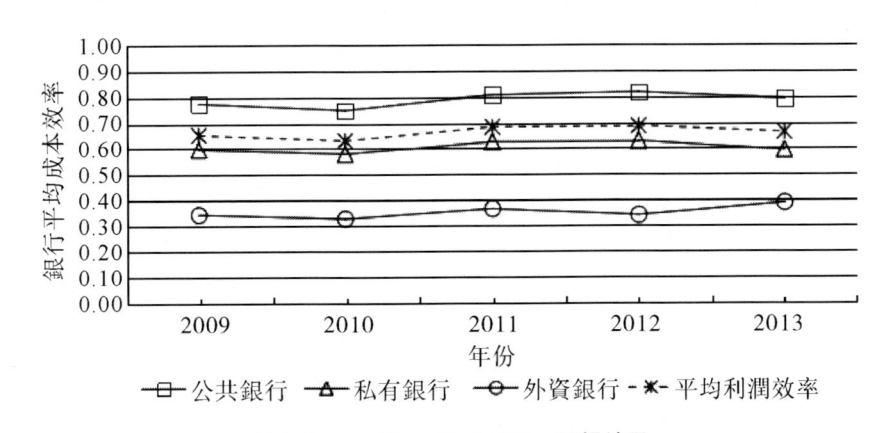

(b) Battese 和 Coelli（1995）迴歸結果

圖4.16　印度境內不同類型銀行平均成本效率水準（2009—2013年）

通過上述分析可以發現，以2013年為例，圖4.1和圖4.2顯示印度商業銀行的平均利潤效率水準大於中國商業銀行的平均利潤效率水準；然而，從圖4.3和圖4.4可以發現，平均成本效率水準的情況則正好相反。類似地，圖4.5至圖4.8顯示，對於上市商業銀行而言，中國上市商業銀行的平均利潤效率水準低於印度上市商業銀行的平均利潤效率水準，然而，中國上市商業銀行的平均成本效率水準要高於印度上市商業銀行的平均成本效率水準。兩國非上市商業銀行在平均利潤和成本效率水準上同樣表現不同。此時，兩國不同類型銀行在平均利潤效率水準和平均成本效率水準上表現各異，其綜合效率不宜直接比較。

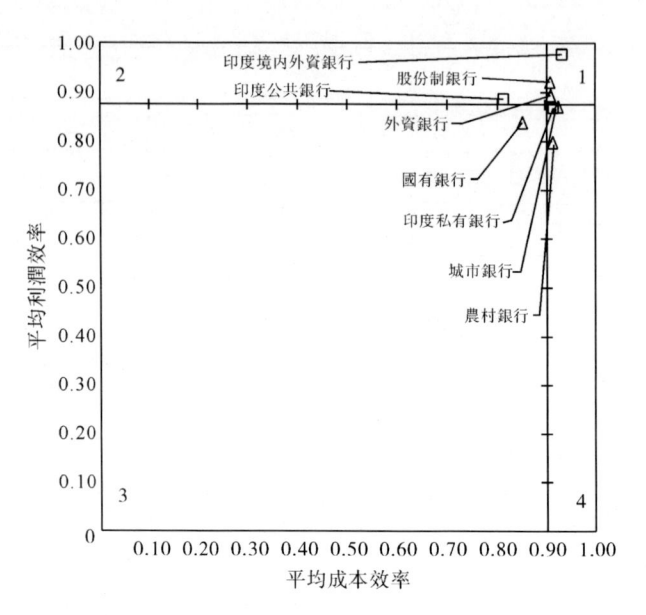

圖 4.17　中印兩國各類銀行綜合效率水準（2013 年）①

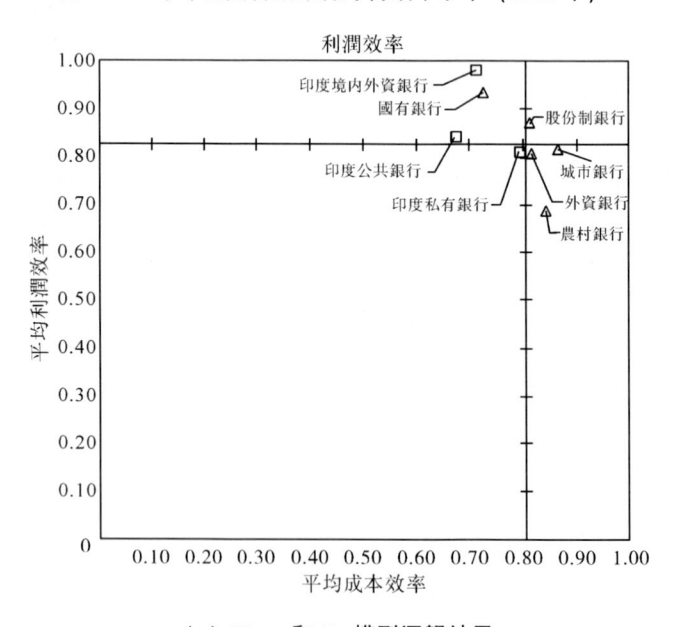

(a)　Wang 和 Ho 模型迴歸結果

---

①　圖 4.17 和圖 4.18 中的國有銀行、股份制銀行、城市銀行、農村銀行和外資銀行分別表示中國國有商業銀行、中國股份制商業銀行、中國城市商業銀行、中國農村商業銀行和中國境內外資銀行。

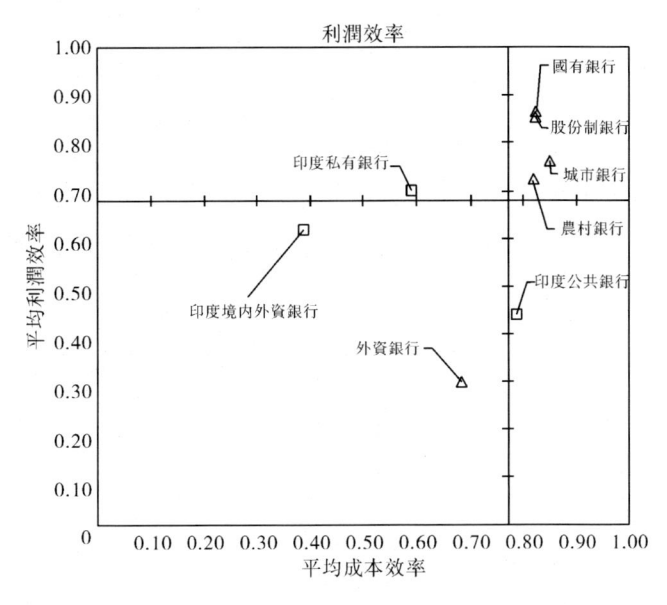

(b) Battese 和 Coelli（1995）迴歸結果

圖 4.18　中印兩國各類銀行綜合效率水準（2013 年）

表 4.7　2009—2013 年中印兩國各類銀行平均利潤效率水準

不同類型銀行平均利潤效率（中國）					
	2009 年	2010 年	2011 年	2012 年	2013 年
國有商業銀行	0.917,7	0.864,1	0.824,9	0.738,5	0.837,6
股份制商業銀行	0.890,4	0.897,6	0.791,4	0.959,0	0.919,8
城市商業銀行	0.934,9	0.891,3	0.895,9	0.893,9	0.868,9
農村商業銀行	0.948,1	0.935,5	0.895,7	0.888,2	0.797,5
外資銀行	0.883,0	0.877,6	0.960,7	0.896,7	0.892,5
平均利潤效率	0.921,8	0.893,3	0.880,7	0.893,7	0.870,9
不同類型銀行平均利潤效率（印度）					
	2009 年	2010 年	2011 年	2012 年	2013 年
公共銀行	0.857,2	0.860,2	0.869,6	0.876,0	0.886,4
私有銀行	0.913,9	0.869,1	0.901,3	0.904,0	0.871,3
外資銀行	0.875,2	0.677,9	0.942,0	0.893,0	0.979,1
平均利潤效率	0.885,5	0.848,5	0.890,9	0.890,7	0.887,5

表 4.8　2009—2013 年中印兩國各類銀行平均成本效率水準

不同類型銀行平均成本效率（中國）					
	2009 年	2010 年	2011 年	2012 年	2013 年
國有商業銀行	0.918,9	0.944,7	0.919,0	0.856,9	0.851,9
股份制商業銀行	0.924,1	0.916,9	0.899,0	0.920,3	0.909,5
城市商業銀行	0.937,1	0.919,2	0.933,5	0.882,2	0.922,5
農村商業銀行	0.923,1	0.949,3	0.962,1	0.955,0	0.915,3
外資銀行	0.933,1	0.895,0	0.919,9	0.898,1	0.911,0
平均成本效率	0.931,9	0.920,8	0.928,0	0.895,6	0.913,5
不同類型銀行平均成本效率（印度）					
	2009 年	2010 年	2011 年	2012 年	2013 年
公共銀行	0.905,3	0.929,7	0.871,1	0.856,9	0.814,7
私有銀行	0.863,6	0.902,7	0.946,6	0.885,0	0.915,4
外資銀行	0.920,4	0.951,6	0.919,0	0.787,7	0.931,8
平均成本效率	0.887,0	0.918,9	0.910,9	0.864,0	0.872,4

圖 4.20 是在貸款總額中扣除了不良貸款後的效率研究結果，研究發現該結果與不扣除不良貸款的效率研究結果差別甚小，如圖 4.10 所示，故為節省本書篇幅，省去了扣除不良貸款後的效率研究的詳細結果。從圖 4.19 和圖 4.20 可以看出，中國國內銀行平均成本效率水準要高於其平均利潤效率水準也高於印度國內銀行平均成本效率水準和平均利潤效率水準。

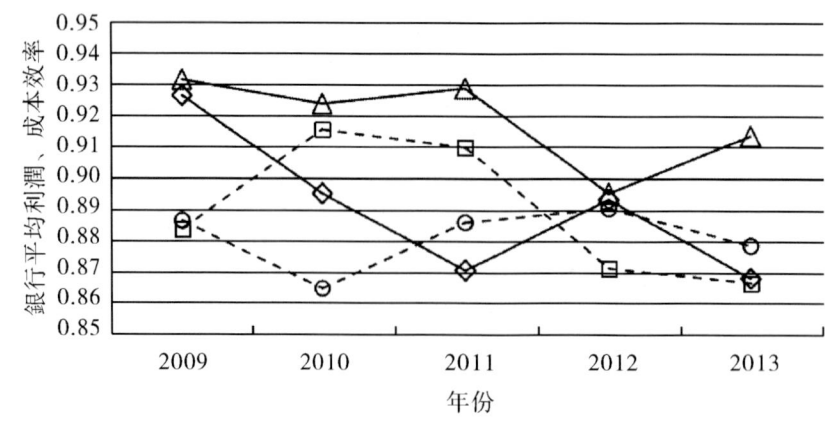

圖 4.19　中印兩國商業銀行平均效率水準（2009—2013 年）

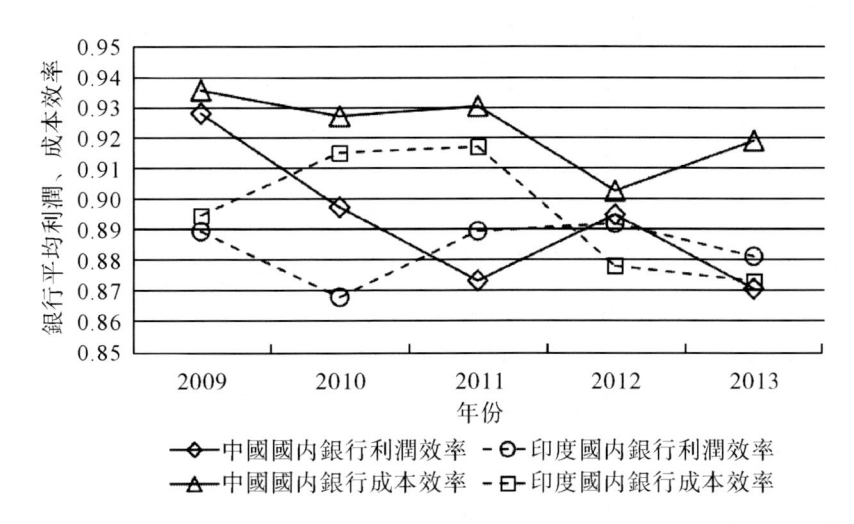

图 4.20　扣除不良贷款后的中印两国商业银行平均效率水平（2009—2013 年）

基于上述原因，本研究采用了象限图法从商业银行成本效率和利润效率角度比较两国各类商业银行的平均综合效率。图 4.17 和图 4.18 绘制了 2013 年中印两国境内共八类不同所有制类型银行的平均成本效率和平均利润效率在象限图中的分布情况，依此来比较不同类型银行间的综合效率。象限图的横坐标为平均成本效率值，纵坐标为平均利润效率值。将样本中 2013 年 72 家中国商业银行和 34 家印度商业银行的成本效率和利润效率的平均值作为各象限划分标准，由此将象限图划分为四个部分，在图 4.17 中已用阿拉伯数字进行了编号，各银行效率比较规则如下：

（1）第 1 象限中的商业银行综合效率高于第 3 象限中的商业银行的综合效率。

（2）在同一象限中，越接近于象限的右上角位置的商业银行，其综合效率就越高，银行综合效率值的位置越靠近象限左下方，其综合效率越低。

（3）若任意两个商业银行其综合效率所在位置的连线斜率在 [0，+∞) 范围内，则这两个银行间的综合效率值可以进行比较，位于连线上侧的银行综合效率较高，否则，不易直接比较。

图 4.17 和图 4.18 绘制出了由不同模型估算出的两国商业银行平均利润效率和平均成本效率的象限图。然而，不同方法之间存在著显著的差异，例如，从各类商业银行综合效率值在象限图中的位置可以发现，图 4.17 中的模型是在 Wang 和 Ho（2010）模型的基础之上考虑了模型结构可能存在的差异。印度境内外资银行的综合效率在两国商业银行中最高；中国农村商业银行和国有

商業銀行在中國境內商業銀行中的綜合效率是最低的；中國股份制商業銀行的綜合效率高於中國境內外資銀行、中國國有商業銀行、中國農村商業銀行和印度公共銀行的綜合效率；中國城市商業銀行的綜合效率高於中國農村商業銀行和中國國有商業銀行的綜合效率；印度私有銀行的綜合效率高於中國農村商業銀行和中國國有商業銀行的綜合效率；中國城市商業銀行和中國境內外資銀行位置較為接近，表明兩者的綜合效率相差較小。

然而，圖4.18（b）中 Battese 和 Coelli（1995）模型未考慮各銀行間的固定效應、影響各銀行間平均成本和利潤效率的異方差性、模型結構可能存在的差異。圖4.18（b）顯示，就綜合效率而言，中國國有商業銀行略高於中國股份制商業銀行；中國城市商業銀行高於中國農村商業銀行；中國國有商業銀行、中國股份制商業銀行、中國城市商業銀行和中國農村商業銀行均高於印度公共銀行、印度私有銀行和印度境內外資銀行；印度私有銀行高於印度境內外資銀行；印度公共銀行高於中國境內外資銀行。再有，圖4.18（a）中 Wang 和 Ho（2010）模型考慮了各銀行間的固定效應和影響各銀行間平均成本和利潤效率的異方差性，但未考慮模型結構可能存在的差異。圖4.18（a）顯示，就綜合效率而言，中國國有商業銀行、中國股份制商業銀行、印度外資銀行高於印度公共銀行；中國股份制商業銀行、中國城市商業銀行、中國境內外資銀行高於印度私有銀行；中國城市商業銀行高於中國農村商業銀行。

從圖4.17可以看出，中國國有商業銀行可以通過提高利潤效率來提高綜合效率，中國城市商業銀行和中國股份制商業銀行可通過提高利潤效率和成本效率來提高其綜合效率，中國農村商業銀行在成本效率和利潤效率上提升的空間最大。類似地，印度私有銀行可以從提高利潤效率著手，而印度公共銀行在成本效率上的提升空間較大。

4.3　本章小結

本章研究了2009—2013年中國境內72家商業銀行和印度境內34家商業銀行共106家商業銀行的成本效率和利潤效率。

首先，在模型設定方面，無論是針對銀行利潤效率模型還是銀行成本效率模型，模型中均包含了固定效應，儘管固定效應可能會揭示出當控制其他影響因素不變的情況下，不同所有制銀行或銀行上市狀態可能對利潤效率或成本效率產生水準影響，但仍未揭示不同所有制銀行或銀行上市狀態可能導致的不同

类型银行内在运行模式间的差异性。因此，我们对两类模型的边际效应是否可变进行了统计检验。两类模型边际效应同质性检验结果表明，不同类型银行的边际效应表现出差异性，即表明不同类型银行可能存在结构性差异，因此，在模型设定的过程中应考虑模型结构性差异。

其次，在中印两国商业银行成本前沿模型和利润前沿模型中，考虑到不同所有制类型的商业银行间可能存在着结构性差异以及银行上市状态对商业银行效率的影响，本研究进行了相关的统计学显著性检验。本研究在两国商业银行成本效率和利润效率双指标下采用象限图对银行间综合效率进行测度，在一定程度上增强了银行间效率的可比性。

实证研究结果还显示，资产稳定性和资产质量对利润效率和成本效率产生负面影响；资产流动性对利润效率的影响是负面的，但其会提高银行的成本效率。在中国，大多数商业银行在一定程度上仍是采用传统以借贷模式为主的营运模式作为主要的盈利手段，表现为不良贷款占总贷款的比例越大，银行效率越低。

再次，中国银行业平均成本效率在样本期内要高于印度银行业平均成本效率水准，两国商业银行的平均利润效率水准基本保持恒定，两者总体未表现出明显的差异。以2013年为例，估计的中印两国银行业平均成本效率分别为91.35%和87.24%；平均利润效率分别为87.09%和88.75%。

从所有制类型和上市状态两类指标对利润前沿模型和成本前沿模型的实证结果的显著性影响可以看出，不同类型的银行有着不同的成本前沿或不同的利润前沿。因此，在对成本前沿模型和利润前沿模型进行设定时应考虑到银行上市状态和不同所有制类型可能会对前沿模型的结构产生影响。且固定效应的选取体现出前沿模型在不同银行间的水准差异。此外，成本无效率和利润无效率的尺度函数估计结果表明，成本和利润前沿模型中无效率扰动项是存在异方差的，且不同银行间的无效率是存在截面相关的，这一结论与Battese和Coelli（1992，1995）关于无效率项独立同分布的假设相悖。因此，忽略银行间的差异和相关性可能会引起其前沿模型估计偏误，进而可能影响到无效率分析的结论。

最后，研究还发现，上市银行和非上市银行在平均利润效率和成本效率上没有表现出显著差异，这可能与研究样本中上市银行和非上市银行的比例有关，也与中国银行业尚未形成较为明显的上市优势以及不同银行的业务对象、客户定位等有所差异有关。但这不能作为银行业资本民营化对银行业效率无影响的实证支持。此外，在利润前沿模型和成本前沿模型中所有制类型和上市状

態對效率的影響較為顯著，農村商業銀行的成本效率最高，其他銀行間並未表現出顯著性差異，這可能與農村商業銀行受到地方政府的支持有關。同時，在平均利潤效率方面，城市商業銀行表現最為穩定，其他類型銀行呈現出波動性變化。在平均成本效率和利潤效率表現不一致時，象限圖給出了商業銀行的綜合效率排名，2013年，股份制商業銀行和城市商業銀行綜合效率最高，國有商業銀行表現最差。

5 基於 SFA 方法的中印商業銀行單位成本利潤效率研究

第4章中已討論了 Battese 和 Coelli（1992，1995）效率模型的不足之處，並在 Wang 和 Ho（2010）模型的基礎之上分析了中印兩國商業銀行的利潤效率和成本效率。其中，在綜合考慮兩國銀行的效率時，採用了象限圖對利潤效率和成本效率進行綜合比較，儘管這在一定程度上解決了兩種效率無法直接比較的問題，但仍存在一些難以比較的情形。為此，本章採用單位成本利潤效率指標對兩國商業銀行效率進行比較分析。[①]

5.1 效率模型設定和主要影響因素的選取

類似地，由於不同所有制類型或上市狀態的銀行間可能存在著差異，因此，本研究在 Wang 和 Ho（2010）無效率擾動項異方差固定效應隨機前沿模型的基礎上考慮不同類型商業銀行間可能存在的結構性差異、銀行上市狀態等進行建模，並對結構性差異假設和上市狀態進行檢驗以便使模型分析更具可靠性。設定 Wang 和 Ho（2010）無效率擾動項異方差固定效應隨機前沿模型如下。

$$y_{it} = \alpha_i + x_{it}\beta + v_{it} - u_{it}$$
$$u_{it} = h_{it} \cdot u_i^*$$
$$h_{it} = f(z_{it}\delta)$$
$$u_i^* \sim N^+(\mu, \sigma_u^2), \quad v_{it} \sim N(0, \sigma_v^2), \quad i = 1, 2, \ldots, N; \quad t = 1, 2, \ldots, T$$

其中，i 和 t 分別代表銀行和時間，y_{it} 是第 i 個銀行利潤的對數形式，x_{it} 是 K 維相關影響因素對數形式的向量，α_i 為第 i 個銀行的固定效應，u_{it} 為測度利潤無

[①] 同第4章類似，扣除不良貸款的單位成本利潤效率與不扣除不良貸款的單位成本利潤效率無顯著性差異，故為節省本書篇幅此處略去對扣除不良貸款情況的分析。

效率的隨機變量，尺度函數 h_{it} 是 L 維非隨機無效率影響因素向量 z_{it} 的正函數，u_i^* 是取值為正的從零處截尾單邊隨機變量，且與 v_{it} 相互獨立。在同一個金融體系中，不同銀行的無效率間由於受到諸多共同因素影響而存在著一定的相關性，且不同類型銀行會表現出一定的差異，因而可以通過尺度函數 h_{it} 對不同銀行無效率間的相關性和異方差性進行刻畫，因此假設無效率隨機變量服從某種獨立分佈可能不合理，例如，Battese 和 Coelli（1992，1995）以及基於其建立的應用模型研究文獻。同時可以避免 Battese 和 Coelli（1992）對無效率的單調性假設[①]。

本章的單位成本利潤前沿函數設定為如下形式[②]：

$$\ln(PC_{it}) = \alpha_i + \sum_{j=1}^{2}\beta_j \ln(Y_{j,it}) + \sum_{k=1}^{2}\beta_{2+k}\ln(X_{k,it}) +$$

$$\sum_{m=1}^{7}\beta_{4+m}Ow_{m,it}*\ln(Y_{1,it}) + \sum_{s=1}^{2}\beta_{11+s}I_{s,it}*\ln(Y_{1,it}) +$$

$$\sum_{m=1}^{7}\beta_{13+m}Ow_{m,it}*\ln(Y_{2,it}) + \sum_{s=1}^{2}\beta_{20+s}I_{s,it}*\ln(Y_{2,it}) +$$

$$\sum_{m=1}^{7}\beta_{22+m}Ow_{m,it}*\ln(X_{1,it}) + \sum_{s=1}^{2}\beta_{29+s}I_{s,it}*\ln(X_{1,it}) +$$

$$\sum_{m=1}^{7}\beta_{31+m}Ow_{m,it}*\ln(X_{2,it}) + \sum_{s=1}^{2}\beta_{38+s}I_{s,it}*\ln(X_{2,it}) +$$

$$v_{it} - u_{it}$$

其中，i 和 t 分別代表銀行和時間，$i = 1, 2, 3, ..., 106$，$t = 2,009, 2,010, ..., 2,013$，解釋變量和被解釋變量及其含義由表 5.1 給出，部分變量採用對數形式，u_{it} 和 v_{it} 定義同上，其中，模型截距項設定為固定效應可以體現不同國別及其宏觀環境因素對銀行效率的影響，同時 9 個虛擬變量的設置不僅可以體現出不同所有制類型或銀行上市狀態對銀行效率的影響，還可以體現出所在地區或國家及其宏觀環境因素對銀行效率影響。利潤前沿模型的待估參數為 α_i 為第 i 個銀行的固定效應，$\beta_{9k-4}, \beta_{9k-3}, ..., \beta_{9k+1}, \beta_{9k+2}$，$k = 1, 2, 3, 4$ 為不同所有制類型銀行的結構參數，$\beta_{9k+3}, \beta_{9k+4}$，$k = 1, 2, 3, 4$ 為不同上市狀態銀行的結構參數。

若 $\beta_{9k-4} = \beta_{9k-3} = ... = \beta_{9k+1} = \beta_{9k+2} = 0$，$k = 1, 2, 3, 4$，則表明不同所有制類型對銀行利潤前沿模型沒有影響；若 $\beta_{9k+3} = \beta_{9k+4} = 0$，$k = 1, 2, 3, 4$，則表明銀行上市與否對利潤前沿模型沒有影響。若參數 $\beta_5 = \beta_6 = ... = \beta_{40} = 0$，且截距項參數 $\alpha_1 = \alpha_2 = ... = \alpha_{106}$，例如 Battese 和 Coelli（1995）模型，則可以將所有銀行放置

---

① WANG H. Heterosedasticity and non-monotonic efficienty effects of a stochastic frontier model [J]. Journal of Productirity Analysis, 2002, 18（3）：241-253.

② 如第 4 章所述。

於同一框架下進行分析，否則，可能會因遺漏重要解釋變量而給利潤前沿模型估計帶來偏誤，進而可能影響到無效率模型的估計結果。因此，有必要對這些參數是否為零或相同進行檢驗。此外，在此框架下，若採用超越對數函數形式，模型待估參數將劇增，由於樣本獲取困難，因此模型估計精度會顯著下降，進而影響分析結果。因此，從實證估計結果的角度考慮，該模型設定是合理的。

表 5.1　單位成本利潤前沿模型的影響指標

變量類型	符號	變量名稱	變量定義
產出因素	Y_1	貸款總額	年末貸款總額
	Y_2	存款總額	年末存款總額
投入因素	X_1	資金價格	總利息支出除以總生息資金
	X_2	人工價格	員工支出除以員工數量
	X_3	所有者權益	年末所有者權益
因變量	PC	單位成本利潤	單位營業支出淨利潤
所有制類型	Ow_1	虛擬變量1	1代表其為中國國有商業銀行，0代表其為其他類型
	Ow_2	虛擬變量2	1代表其為中國股份制商業銀行，0代表其為其他類型
	Ow_3	虛擬變量3	1代表其為中國城市商業銀行，0代表其為其他類型
	Ow_4	虛擬變量4	1代表其為中國農村商業銀行，0代表其為其他類型
	Ow_5	虛擬變量5	1代表其為中國境內外資銀行，0代表其為其他類型
	Ow_6	虛擬變量6	1代表其為印度公共銀行，0代表其為其他類型
	Ow_7	虛擬變量7	1代表其為印度私有銀行，0代表其為其他類型
上市狀態	I_1	虛擬變量8	1代表其為中國境內上市銀行，0代表其為其他銀行①
	I_2	虛擬變量9	1代表其為印度境內上市銀行，0代表其為其他銀行

---

① 例如，若中國境內 A 銀行 2009 年上市，則 $I_{1,At}=1$，$t=2,009, 2,010,…, 2,013$；若印度境內 B 銀行 2011 年上市，則 $I_{2,B,2,009}=I_{2,B,2,000}=0$，$I_{2,Bt}=1$，$t=2,011, 2,012, 2,013$。

利潤前沿模型無效率部分的尺度函數設定如下：
$$h_{it} = e^{\sum_{j=1}^{3} \delta_j Z_{j,it} + \delta_4 t^2}$$

其中，隨機變量 ε_{it} 獨立且服從零均值同方差的分佈，解釋變量及定義參見表 5.2，待估參數為 δ_1，δ_2，δ_3，δ_4。無效率部分尺度函數考察了無效率項是否存在異方差現象、是否存在相關性。

t 時點 i 銀行的利潤效率：$0 \leq PE_{it} = \exp(-u_{it}) \leq 1$。

對於成本效率有關模型的構建與利潤效率類似，僅需要將利潤前沿模型中的無效率項改為 u_{it} 即可。

表 5.2　單位成本利潤無效率部分尺度函數影響指標及其定義

變量類型	符號	變量名稱	變量定義
風險指標	Z_1	資產穩定性	所有者權益與總資產的比例
	Z_2	資產質量	不良貸款與總貸款的比例
	Z_3	資產流動性	總存款與總貸款的比例
時間趨勢	t^2	時間趨勢項	2009—2013 年分別對應取 1 到 5

在銀行投入要素價格的定義上，Mountain 和 Thomas（1999）採用市場平均投入要素價格代替銀行各自的投入要素價格進行模型估計和分析。然而這種做法雖然可以從理論上解決投入要素價格外生性假設問題，但在現實分析中市場平均投入要素價格是很難獲取的，即用幾十家銀行代替將近上千家銀行來計算平均投入要素價格，這一處理方法所產生的誤差可想而知；其次，銀行各自的投入要素價格的制定，例如，資金成本價格從某種意義上說是在中國人民銀行規定的最低存款利率的基礎之上參考市場價格而定的，所以本研究仍採用銀行各自的投入要素價格進行分析。

5.2　單位成本利潤效率實證研究

本研究重點關注中印兩國境內商業銀行，其中，中國境內商業銀行包括國有商業銀行、股份制商業銀行、城市商業銀行、農村商業銀行和境內外資銀行五類，印度境內商業銀行包括公共銀行、私有銀行和境內外資銀行三類。2007 年中國對上市公司開始實行新會計準則制度，為了統一口徑，本研究樣本取

2009—2013 年中國境內 72 家銀行和印度境內 34 家銀行①,共 530 個觀測值。

在模型設定方面,無論是銀行利潤效率模型還是銀行成本效率模型,模型中均包含了固定效應,儘管固定效應可能揭示出當控制其他影響因素不變的情況下,不同所有制銀行或銀行上市狀態可能對利潤或成本效率產生水準影響,但仍未揭示不同所有制銀行或銀行上市狀態可能導致的不同類型銀行內在運行模式間的差異。因此,我們對兩類模型的邊際效應是否可變進行了檢驗②。若檢驗結果顯示模型應該設定為邊際效應可變的情形,而實際模型卻設定為模型邊際效應不變的情形,則模型可能存在設定偏誤,進而可能導致模型參數估計結果不可靠、檢驗失效等現象。然而,大多數研究不僅假設不同銀行的結構相同,截距項也都設定為同質的。面板數據模型的一大特點便是不僅能擴充樣本容量,還能較好地反應模型中不同銀行的異質性。再者,由於不同國家商業銀行間規模、業務特色、管理者水準、宏觀政策、開放程度、上市狀態等都存在著巨大的差異,因此,在分析銀行效率時對兩類模型進行結構同質性檢驗就顯得尤為重要。

接下來,以利潤效率模型為例,對結構參數進行檢驗,無約束條件模型的原假設為 $H_0: \beta_5, \beta_6, \ldots, \beta_{40}$ 不全為零,其對數似然函數值 Log(L) 為 40.688,9。

表 5.3 單位成本利潤模型結構同質性假設檢驗結果 1

邊際效應不變的解釋變量	H_0(約束條件模型)	Log(L)	LR 統計量	檢驗結論
所有解釋變量	$\beta_5 = \beta_6 = \ldots = \beta_{40} = 0$	-34.567,4	150.512,6***	拒絕 H_0
Y_2, X_1, X_2	$\beta_{9k+5} = \beta_{5k+6} = \ldots = \beta_{9k+13} = 0, k = 1, 2, 3$	-10.740,4	102.858,6***	拒絕 H_0
Y_1, X_1, X_2	$\beta_{9k+5} = \beta_{5k+6} = \ldots = \beta_{9k+13} = 0, k = 0, 2, 3$	-6.684	94.745,8***	拒絕 H_0
Y_1, Y_2, X_2	$\beta_{9k+5} = \beta_{5k+6} = \ldots = \beta_{9k+13} = 0, k = 0, 1, 3$	-17.802,4	116.982,6***	拒絕 H_0
Y_1, Y_2, X_1	$\beta_{9k+5} = \beta_{5k+6} = \ldots = \beta_{9k+13} = 0, k = 0, 1, 2$	-24.224,3	129.826,4***	拒絕 H_0

註:1. 當原假設中的約束等式的個數為 36 時,LR 統計量服從自由度為 36 的卡方分佈。
2. 當原假設中的約束等式的個數為 27 時,LR 統計量服從自由度為 27 的卡方分佈。
3. 「***」表示在 1% 的顯著性水準下顯著。

---

① 本研究共抽取了 48 家印度境內商業銀行,但有 14 家商業銀行的部分數據有缺失,故最終剩下了 34 家印度商業銀行作為最終模型研究樣本。
② 這句話也可表述為對兩類模型的邊際效應同質性進行檢驗,兩種說法所表達的含義相同。

表5.4　單位成本利潤模型結構同質性假設檢驗結果2

邊際效應不變的解釋變量	H₀（約束條件模型）	Log（L）	LR 統計量	檢驗結論
X_1，X_2	$\beta_{9k+5} = \beta_{5k+6} = \ldots = \beta_{9k+13} = 0$，$k = 2, 3$	-3.691,9	88.761,6***	拒絕 H₀
Y_2，X_2	$\beta_{9k+5} = \beta_{5k+6} = \ldots = \beta_{9k+13} = 0$，$k = 1, 3$	16.486,6	48.404,6***	拒絕 H₀
Y_2，X_1	$\beta_{9k+5} = \beta_{5k+6} = \ldots = \beta_{9k+13} = 0$，$k = 1, 2$	-12.046,8	105.471,4***	拒絕 H₀
Y_1，X_2	$\beta_{9k+5} = \beta_{5k+6} = \ldots = \beta_{9k+13} = 0$，$k = 0, 3$	30.852,1	19.673,6	不拒絕 H₀
Y_1，X_1	$\beta_{9k+5} = \beta_{5k+6} = \ldots = \beta_{9k+13} = 0$，$k = 0, 2$	-6.528	94.433,8***	拒絕 H₀
Y_1，Y_2	$\beta_{9k+5} = \beta_{5k+6} = \ldots = \beta_{9k+13} = 0$，$k = 0, 1$	-7.749,7	96.877,2***	拒絕 H₀

註：1. 當原假設中的約束等式的個數為18時，LR統計量服從自由度為18的卡方分佈。

2.「***」表示在對應分佈下以1%的顯著性水準拒絕原假設。

表5.3和表5.4的結果初步顯示，變量Y1和X2具有系數不變性（對所有銀行結構影響相同），接下來，在Y2和X1的基礎之上，進一步檢驗存款總額（變量Y2）和資金價格（變量X1）是否存在結構性差異。此時，對應的無約束條件模型：β_{14}，β_{15}… β_{31} 不全為零，無約束模型的對數似然函數值為30.852,1。

表5.5　單位成本利潤模型結構同質性假設檢驗結果3

邊際效應不變的解釋變量	H₀（約束條件模型）	Log（L）	LR 統計量	檢驗結論
Y_2，X_1	$\beta_{14} = \beta_{15} = \ldots = \beta_{31} = 0$	-34.567,4	130.839***	拒絕 H₀
Y_2	$\beta_{14} = \beta_{15} = \ldots = \beta_{22} = 0$	-17.802,4	97.309***	拒絕 H₀
X_1	$\beta_{23} = \beta_{24} = \ldots = \beta_{31} = 0$	-6.684	75.072,2***	拒絕 H₀

註：1. 當原假設中的約束等式的個數為9時，LR統計量服從自由度為9的卡方分佈。

2.「***」表示在對應分佈下以1%的顯著性水準拒絕原假設。

綜合表5.3至表5.5的檢驗結論，該樣本表明變量 Y_2 和 X_1 的係數不全為零，因此，模型結構性差異表現在 Y_2 和 X_1 上。

表5.6給出了中印兩國銀行的單位成本利潤前沿模型的估計結果，從單位

成本利潤前沿函數模型迴歸結果可以看出，銀行的所有制類型和上市與否對銀行單位成本利潤前沿模型亦產生顯著影響。因此，從迴歸結果可以看出，銀行的盈利模式或成本產生模式呈現出一定的結構性差異，此時，若將模型設定為無結構差異，可能會遺漏重要變量進而導致模型估計產生偏誤。因此，從計量經濟學模型分析技術角度出發，可認為在單位成本利潤前沿模型中考慮上市狀態和所有制類型對前沿模型產生的結構性差異是合理的。

表 5.6 單位成本利潤前沿模型估計結果

單位成本利潤前沿函數		
變量名	系數估計值	穩健標準誤
$\ln(Y_{1,it})$	$-0.065,6$	$0.180,2$
$\ln(Y_{2,it})$	$-1.515,1$	$1.052,6$
$\ln(X_{1,it})$	$-0.763,8$	$0.416,5^{*}$
$\ln(X_{2,it})$	$0.017,0$	$0.007,7^{**}$
$Ow_1 * \ln(Y_{2,it})$	$1.418,8$	$1.120,8$
$Ow_2 * \ln(Y_{2,it})$	$1.689,8$	$1.058,5$
$Ow_3 * \ln(Y_{2,it})$	$1.481,8$	$1.048,0$
$Ow_4 * \ln(Y_{2,it})$	$1.346,8$	$1.065,3$
$Ow_5 * \ln(Y_{2,it})$	$-0.076,4$	$1.069,5$
$Ow_6 * \ln(Y_{2,it})$	$-0.891,4$	$1.146,1$
$Ow_7 * \ln(Y_{2,it})$	$0.801,7$	$1.082,7$
$I_{1,it} * \ln(Y_{2,it})$	$-0.040,0$	$0.039,1$
$I_{2,it} * \ln(Y_{2,it})$	$0.086,3$	$0.368,5$
$Ow_1 * \ln(X_{1,it})$	$0.910,5$	$0.583,0$
$Ow_2 * \ln(X_{1,it})$	$1.047,6$	$0.492,9^{**}$
$Ow_3 * \ln(X_{1,it})$	$0.543,5$	$0.423,3$
$Ow_4 * \ln(X_{1,it})$	$0.740,7$	$0.492,7$
$Ow_5 * \ln(X_{1,it})$	$1.726,7$	$0.443,9^{***}$
$Ow_6 * \ln(X_{1,it})$	$-1.905,6$	$0.699,1^{***}$

表5.6(續)

$Ow_7 * \ln(X_{1,it})$	-0.886,2	0.687,7
$I_{1,it} * \ln(X_{1,it})$	-0.204,6	0.171,9
$I_{2,it} * \ln(X_{1,it})$	0.751,4	0.574,9
單位成本利潤無效率待估參數		
變量名	系數估計值	穩健標準誤差
$Z_{1,it}$	8.047,6	1.191,5***
$Z_{2,it}$	15.291,4	5.371,1***
$Z_{3,it}$	0.394,5	0.144,1***
t^2	-0.179,3	0.020,8***
c_v	-3.329,8	0.078,9***
c_u	-3.341,0	0.640,0***
$\gamma = \dfrac{\sigma_u^2}{\sigma_v^2 + \sigma_u^2}$	0.497,3	

註：1. 表格中的符號「*」「**」和「***」分別表示在10%、5%和1%的顯著性水準下是統計顯著的。

2. $c_v = \ln(\sigma_v^2)$，$c_u = \ln(\sigma_u^2)$。

最終，通過統計學檢驗後，中印兩國商業銀行的單位成本利潤效率模型選擇了4個解釋變量。表5.6的迴歸結果表明不同類型銀行的單位成本利潤效率模型在變量 Y_2 和 X_1 上體現出了結構差異。若此時將不同類型銀行的單位成本利潤效率模型設定為僅在截距項上存在固定效應，而設定變量邊際效應為同質的，勢必引起模型設定偏誤，可能會引起模型分析誤差。資產穩定性、資產質量和資產流動性對單位成本利潤效率產生負面影響；類似地，在中國，大多數商業銀行在一定程度上仍是採用以傳統借貸模式為主的營運模式作為主要的盈利手段，表現為不良貸款占總貸款的比例越大，銀行效率越低。

為了進一步驗證前文描述的中印兩國不同所有制類型的商業銀行、銀行上市狀態或國別可能對銀行效率產生差異性影響，可仿照第4章的做法，即採用圖形的方式對比 Wang 和 Ho 模型、Battese 和 Coelli（1995）模型[①]（Frontier4.1 軟件

[①] 同第4章，故此處不再贅述。

採用的模型）與考慮了結構差異的 Wang 和 Ho 模型的迴歸結果。為了節省篇幅，本章僅給出考慮了結構差異的 Wang & Ho 模型的迴歸結果，如圖 5.1 所示。

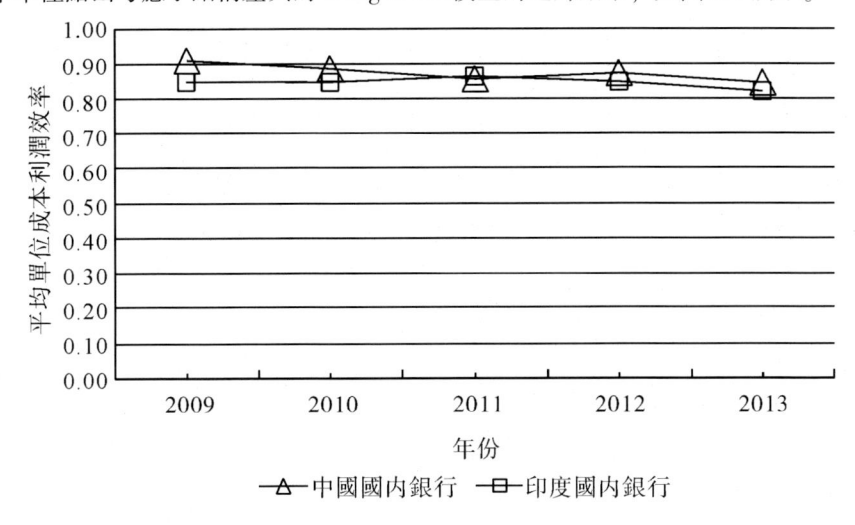

(a) 全局情形

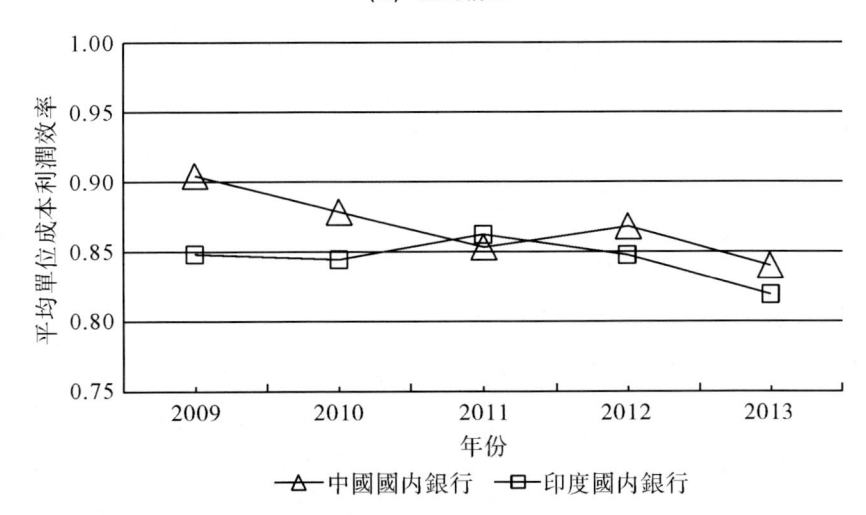

(b) 局部情形

圖 5.1 中印兩國銀行的平均單位成本利潤效率水準（2009—2013 年，不含外資銀行）

圖 5.1（a）顯示中國商業銀行的平均單位成本利潤效率水準總體要略高於印度商業銀行的平均單位成本利潤效率水準，但未呈現出顯著性差別。可能原因在於平均效率水準抹平了個體間的差異。因此，我們需要進一步探討兩國不同類型的商業銀行的單位成本利潤效率是否存在差別及其原因等。從圖 5.1（b）可

知，中國商業銀行平均單位成本利潤效率有輕微的下降趨勢①，其中，2013年比2009年下降了約7個百分點，這可能與2011年7月27日公布的中國銀行業監督管理委員會審議通過的《商業銀行貸款損失準備管理辦法》的相關規定有關；印度商業銀行的平均單位成本利潤效率在2011年前後有小幅度波動。

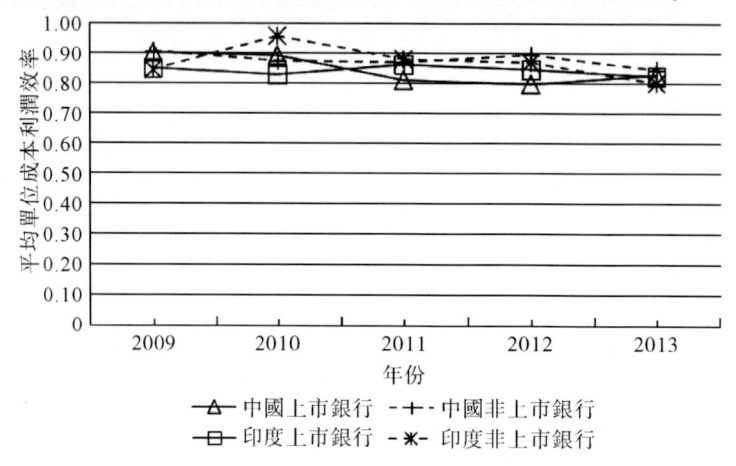

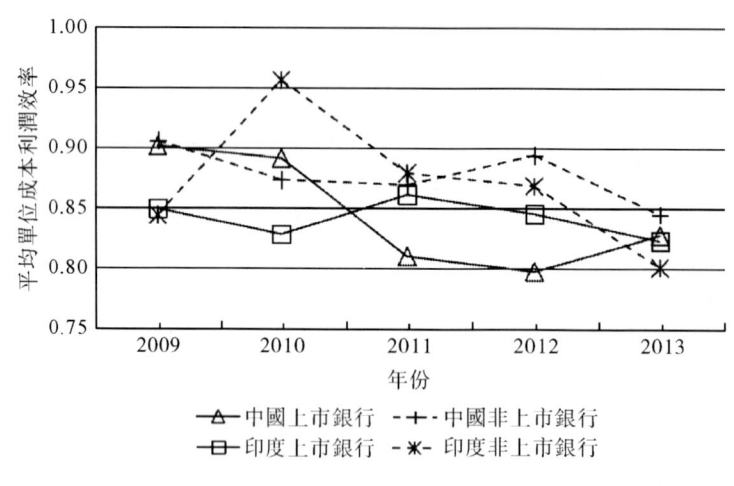

(a) 全局情形

(b) 局部情形

圖5.2 中印兩國上市、非上市銀行的平均單位成本利潤效率水準
(2009—2013年，不含外資銀行)

---

① 下文所得結果的分析與第4章的原因有類似之處，本章均已省去。如有需要，可查閱第4章內容。

以 2009 年和 2013 年為例，2009 年中國商業銀行的平均單位成本利潤效率為 90.44%，印度商業銀行的平均單位成本利潤效率為 84.83%，而 2013 年，中國商業銀行和印度商業銀行的平均單位成本利潤效率分別為 83.94% 和 81.95%。表明在相同技術水準和投入的情況下，相比理論上的最大單位成本利潤，2009 年中國商業銀行的平均單位成本利潤低了 9.56%，2013 年低了 16.06%；2009 年印度商業銀行的平均單位成本利潤低了 15.17%，2013 年低了 18.05%。中國在 2011 年開始進入一個低速發展階段，這種發展狀態將成為中國經濟新常態，中國經濟發展步入新常態時期，平均單位成本利潤效率有所下降。可能原因在於 2008 年全球金融危機之後，中國政府於 2008 年 11 月推出了進一步擴大內需、促進經濟平穩快速增長的十項措施，該計劃截至 2010 年年底需投資約四萬億元（下文簡稱四萬億），該政策使得銀行信貸規模顯著增長，長期來看，不良貸款的增加將抑制銀行效率的提升。

圖 5.2 給出了中印兩國上市商業銀行與非上市商業銀行的平均單位成本利潤效率水準。圖 5.3（a）顯示，儘管中印兩國非上市銀行的平均單位成本利潤效率水準比上市銀行略高，但未表現出明顯差異；且無論銀行上市成功與否，兩國商業銀行的平均單位成本利潤效率亦未表現出明顯差異。

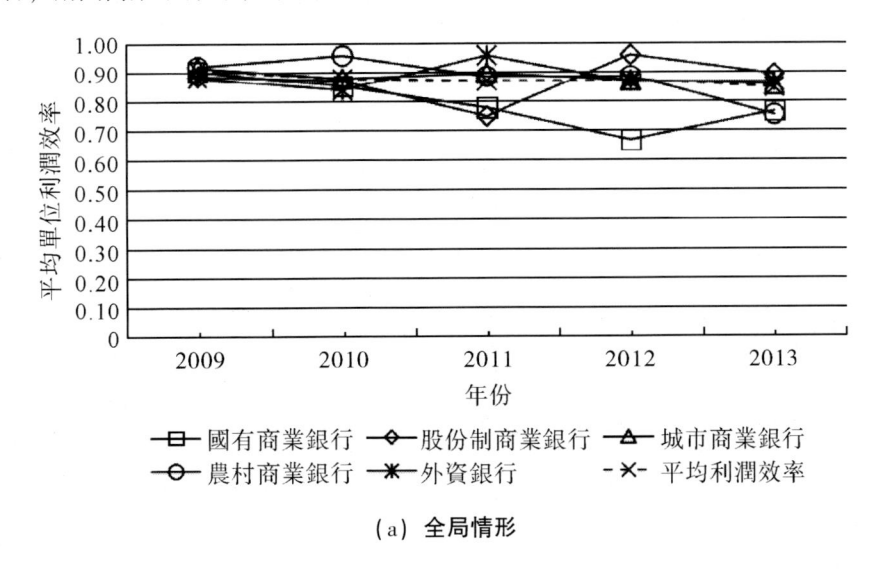

(a) 全局情形

(b) 局部情形

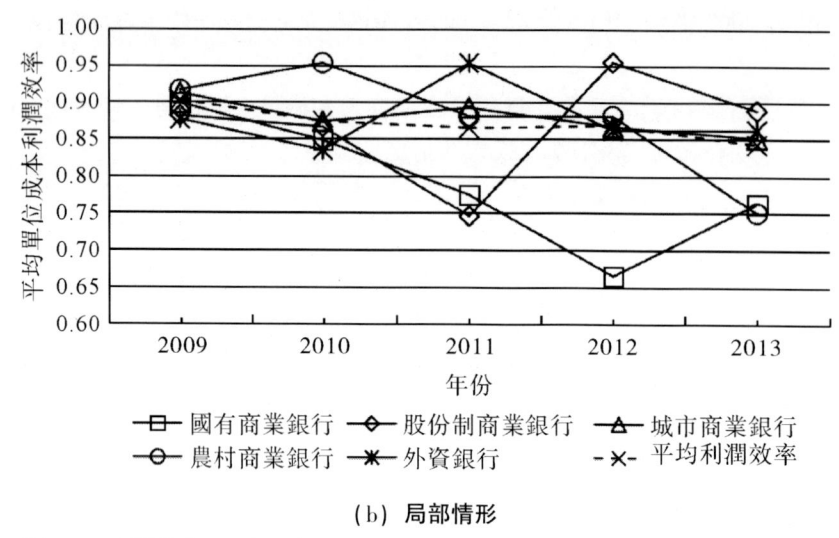

圖 5.3 中國境內不同類型銀行的平均單位成本利潤效率水準（2009—2013 年）

此處，本章將中印兩國商業銀行按其所有制類型分別進行分析，原因有兩個：第一，由於中印兩國商業銀行的所有制類型不同，不宜直接對比分析；第二，中印兩國商業銀行類型共有 8 類，若置於同一圖中，不能清晰觀測。其中，圖 5.3 和圖 5.4 分別反應不同所有制類型對中國境內商業銀行平均單位成本利潤效率水準和印度境內商業銀行平均單位成本利潤效率水準的影響。接下來，分別對其進行分析。

圖 5.3 顯示，2009—2013 年中國境內商業銀行的平均單位成本利潤效率相對較為穩定。相對於農村商業銀行、城市商業銀行和中國境內外資銀行的平均單位成本利潤效率水準而言，國有商業銀行的平均利潤效率水準較低，且低於中國境內商業銀行平均利潤效率水準，並於 2009—2012 年逐年下降，2012 年達到最低點，比 2009 年低了 23%，比 2012 年中國平均水準低了近 20%，2013 年反彈了近 9%，但仍低於全國平均水準約 8%。城市商業銀行相對較為穩定。中國境內外資銀行 2010—2011 年的平均單位成本利潤效率有小幅波動；2010—2013 年農村商業銀行的平均單位成本利潤效率出現了不同程度的下滑，截至 2013 年下滑了近 20%。2009—2012 年股份制商業銀行的平均利潤效率出現了大幅波動，2009—2011 年下降了近 10%，2011—2012 年提高了近 15%。

圖 5.4 繪製了印度不同所有制類型的商業銀行的平均單位成本利潤效率圖，印度公共銀行和私有銀行的平均單位成本利潤效率水準相對較為穩定，基本處於行業平均水準；印度私有銀行的平均單位成本利潤效率略高於印度公共

銀行的平均單位成本利潤效率，印度境內外資銀行的利潤效率波動較為明顯，可能是由於受到了2008年以來其母公司全球戰略的影響，2009—2010年下降了近22%，2010—2011年又反彈了近30%，隨後相對較為穩定。

(a) 全局情形

(b) 局部情形

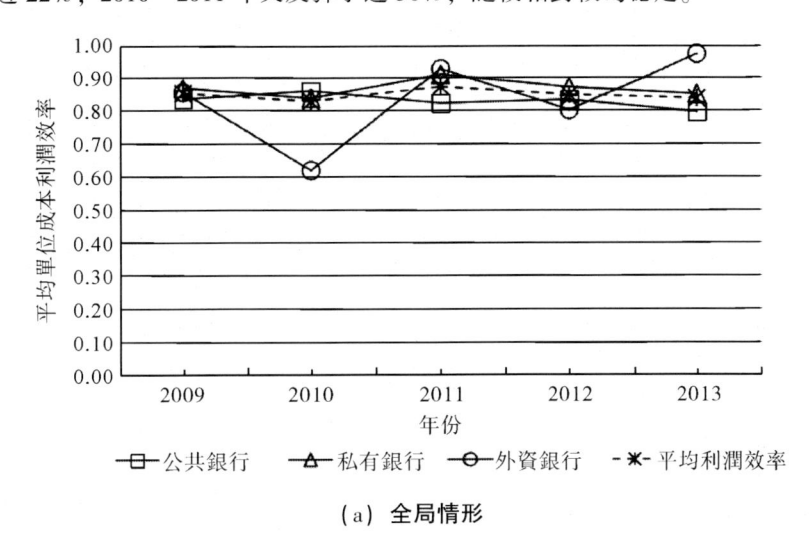

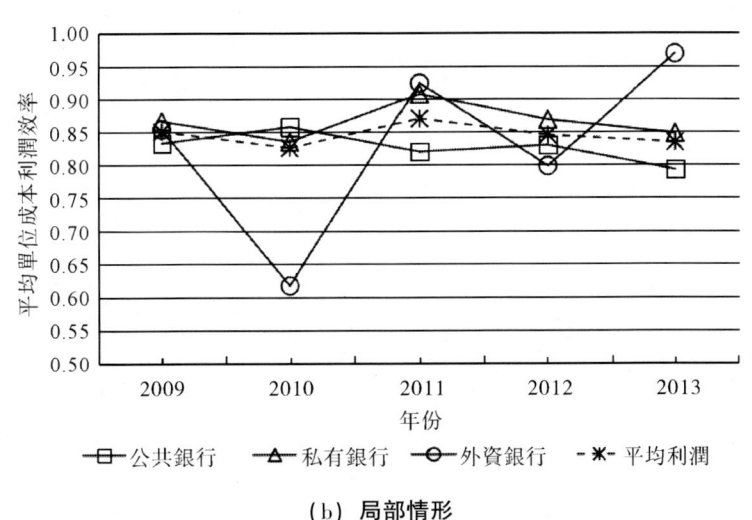

圖5.4 印度境內不同類型銀行平均單位成本利潤效率水準（2009—2013年）

從第4章的分析可以看出，以2013年為例，圖4.1和圖4.2顯示印度商業銀行的平均利潤效率水準大於中國商業銀行的平均利潤效率水準；然而，從圖4.3和圖4.4可以發現，平均成本效率水準的情況則正好相反。類似地，圖4.5至圖4.8顯示，對於上市商業銀行而言，中國上市商業銀行的平均利潤

效率水準低於印度上市商業銀行的平均利潤效率水準，然而，中國上市商業銀行的平均成本效率水準要高於印度上市商業銀行的平均成本效率水準。兩國非上市商業銀行在平均利潤和成本效率水準上同樣表現不同。此時，兩國不同類型銀行在平均利潤效率水準和平均成本效率水準上表現各異，其綜合效率不宜直接比較。儘管後面採用了象限圖進行比較分析，在一定程度上解決了兩效率值不易直接對比的問題，但是，當任意兩個商業銀行其綜合效率所在位置連線的斜率小於 0 時，象限圖同樣存在不可以直接對比的情形。因此，本章採用的單位成本利潤效率則可以應對這一問題。類似地，以 2013 年和 2012 年為例，考察兩國商業銀行平均單位成本利潤效率。

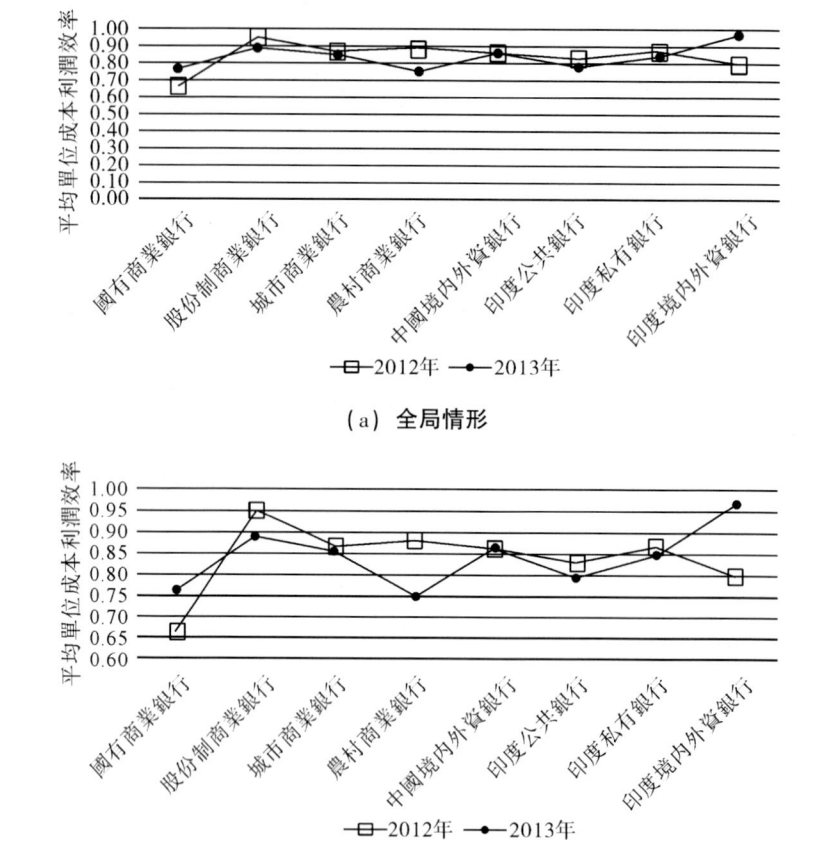

(a) 全局情形

(b) 局部情形

圖 5.5　中印兩國各類銀行平均單位成本利潤效率水準（2012—2013 年）①

---

① 圖 5.5 中的國有銀行、股份制銀行、城市銀行、農村銀行和外資銀行分別表示中國國有商業銀行、中國股份制商業銀行、中國城市商業銀行、中國農村商業銀行和中國境內外資銀行。

表 5.7 2009—2013 年中印兩國各類銀行平均單位成本利潤效率水準

	2009 年	2010 年	2011 年	2012 年	2013 年
國有商業銀行	0.897, 2	0.847, 3	0.773, 3	0.663, 4	0.761, 2
股份制商業銀行	0.880, 0	0.865, 2	0.744, 2	0.953, 1	0.887, 7
城市商業銀行	0.910, 8	0.872, 4	0.891, 2	0.865, 7	0.850, 5
農村商業銀行	0.914, 6	0.951, 8	0.879, 8	0.880, 2	0.748, 8
中國境內外資銀行	0.875, 4	0.833, 8	0.951, 8	0.861, 0	0.861, 5
印度公共銀行	0.831, 1	0.855, 9	0.818, 1	0.828, 0	0.791, 1
印度私有銀行	0.864, 5	0.833, 2	0.905, 3	0.866, 6	0.846, 2
印度境內外資銀行	0.852, 1	0.615, 2	0.922, 2	0.796, 6	0.967, 1

從圖 5.5 和表 5.7 均可以看出，除中國國有商業銀行與印度境內外資銀行外，其他類型銀行平均單位成本利潤效率 2013 年比 2012 年有所下降，其中，中國農村商業銀行的平均單位成本利潤效率下降幅度最大，達 13%。然而，2013 年中國國有商業銀行和印度境內外資銀行的平均單位成本利潤效率分別上漲近 10 個百分點和 17 個百分點。

2012 年，中國國有商業銀行效率最低，為 66.34%，其次是印度境內外資銀行，為 79.66%；股份制商業銀行效率最高，為 95.31%，其次是中國農村商業銀行，為 88.02%。2013 年，中國農村商業銀行和中國國有商業銀行效率最低，分別為 74.88% 和 76.12%，而印度境內外資銀行和中國股份制商業銀行效率最高，分別為 96.71% 和 88.77%。總之，中國國有商業銀行的單位成本利潤效率是最低的，印度公共銀行次之，其他類型的銀行效率水準相當。

5.3 本章小結

同第 4 章類似，考慮到儘管象限圖法在綜合比較中印兩國商業銀行成本效率和利潤效率時存在一定的優勢，但其仍可能面臨一些難以對比的情形，因此，本章採用單位成本利潤效率指標對兩國商業銀行綜合效率進行測度。本章仍採用 2009—2013 年中國境內 72 家商業銀行和印度境內 34 家商業銀行共 106 家商業銀行的相關數據，對兩國商業銀行的單位成本利潤效率進行分析。

首先，在模型設定方面，仍考慮了固定效應，如第 4 章所述，儘管固定效

應可能會揭示出當控制其他影響因素不變的情況下，不同所有制銀行或銀行上市狀態可能對單位成本利潤效率產生水準影響，但仍未揭示不同所有制銀行或銀行上市狀態可能導致的不同類型銀行內在運行模式間的差異性。因此，我們對模型的邊際效應是否可變進行了統計檢驗。模型邊際效應同質性檢驗結果表明，不同類型銀行的邊際效應表現出差異性，即表明不同類型銀行可能存在結構性差異，因此，在模型設定的過程中應考慮模型結構性差異。

其次，實證研究結果顯示，中國商業銀行的平均單位成本利潤效率水準總體要略高於印度商業銀行的平均單位成本利潤效率水準，但未呈現出顯著性差別，其中，中國商業銀行平均單位成本利潤效率有輕微的下降趨勢。結果還顯示，儘管中印兩國非上市銀行的平均單位成本利潤效率水準比上市銀行要略高，但仍未表現出明顯差異；無論銀行上市與否，兩國商業銀行的平均單位成本利潤效率亦未表現出明顯差異。

最後，2009—2013年中國境內商業銀行的平均單位成本利潤效率相對較為穩定。相對於農村商業銀行、城市商業銀行和中國境內外資銀行的平均單位成本利潤效率水準而言，國有商業銀行的平均利潤效率水準較低，且低於中國境內商業銀行平均利潤效率水準。同時，印度公共銀行和私有銀行的平均單位成本利潤效率水準相對較為穩定，基本處於行業平均水準；印度私有銀行的平均單位成本利潤效率略高於印度公共銀行的平均單位成本利潤效率，印度境內外資銀行的利潤效率波動較為明顯。除中國國有商業銀行與印度境內外資銀行外，兩國其他類型銀行平均單位成本利潤效率2013年比2012年均有所下降，其中，中國農村商業銀行的平均單位成本利潤效率下降幅度最大，達13%。然而，2013年中國國有商業銀行和印度境內外資銀行的平均單位成本利潤效率分別上漲近10%和17%。2012年，中國國有商業銀行效率最低，66.34%，其次是印度境內外資銀行79.66%；而股份制商業銀行效率最高，為95.31%，其次是中國農村商業銀行，為88.02%。2013年，中國農村商業銀行和中國國有商業銀行效率最低，分別為74.88%和76.12%，而印度境內外資銀行和中國股份制商業銀行效率最高，分別為96.71%和88.77%。總之，中國國有商業銀行的單位成本利潤效率是最低的，印度公共銀行次之，其他類型的銀行效率水準相當。

6 中印商業銀行 SFA-Malmquist 全要素生產率研究

在第 4 章和第 5 章中已討論了 Battese 和 Coelli（1992，1995）效率模型的不足之處，並在 Wang 和 Ho（2010）模型的基礎之上分析了中印兩國商業銀行的利潤效率、成本效率以及單位成本利潤效率。其中，在綜合考慮兩國銀行的效率時，採用了象限圖法對利潤效率和成本效率進行綜合比較，儘管這在一定程度上解決了兩種效率無法直接比較的問題，但仍存在一些難以比較的情形。為此，在第 5 章中採用單位成本利潤效率指標測度兩國商業銀行效率並進行了相關研究。

接下來，本章將從全要素生產率的角度去考察中印兩國商業銀行的效率。

6.1 SFA-Malmquist 模型設定與主要影響因素選取

在全要素生產率的相關實證分析研究中，通常採用非參數方法或參數方法對 Malmquist 生產率指數進行測度，其中，非參數方法中最常用的方法是基於 DEA 方法，而非參數方法中最具代表性的方法是 SFA 方法。如第 4 章所述，本章依然採用考慮了結構性突變的 Wang 和 Ho（2010）模型。

類似於第 4 章和第 5 章，由於不同所有制類型或上市狀態的銀行間可能存在著差異，因此，本章將在 Wang 和 Ho（2010）無效率擾動項異方差固定效應隨機前沿模型的基礎上考慮不同類型商業銀行間可能存在的結構性差異、銀行上市狀態等進行建模，並對結構性差異假設和上市狀態進行檢驗以便使模型分析更具可靠性，隨後結合 Malmquist 指數考察中印兩國商業銀行的效率問題。因此，本章設定 Wang 和 Ho（2010）無效率擾動項異方差固定效應隨機前沿模型如下：

$$y_{it} = \alpha_i + x_{it}\beta + v_{it} - u_{it}$$

$$u_{it} = h_{it} \cdot u_i^* \ ; \ h_{it} = f(z_{it}\delta)$$
$$u_i^* \sim N^+(\mu, \sigma_u^2), \ v_{it} \sim N(0, \sigma_v^2), \ i = 1, 2, \ldots, N; \ t = 1, 2, \ldots, T$$

其中，i 和 t 分別代表銀行和時間，y_{it} 是第 i 個銀行利潤的對數形式，x_{it} 是 K 維相關影響因素對數形式的向量，α_i 為第 i 個銀行的固定效應，u_{it} 為測度利潤無效率隨機變量，尺度函數 h_{it} 是 L 維非隨機無效率影響因素向量 z_{it} 的正函數，u_i^* 是取值為正的從零處截尾單邊隨機變量，且與 v_{it} 相互獨立。在同一個金融體系中，不同銀行的無效率間由於受到諸多共同因素影響而存在著一定的相關性，且不同類型銀行會表現出一定的差異，因而可以通過尺度函數 h_{it} 對不同銀行無效率間的相關性和異方差性進行刻畫，因此假設無效率隨機變量服從某種獨立分佈可能不合理，例如，Battese 和 Coelli（1992, 1995）以及基於其建立的應用模型研究文獻。同時可以避免 Battese 和 Coelli（1992）對無效率的單調性假設。

因此，本章利潤前沿函數設定如下：

$$\begin{aligned}\ln(P_{it}) = \alpha_i &+ \sum_{j=1}^{2}\beta_j \ln(Y_{j,\,it}) + \sum_{k=1}^{3}\beta_{2+k}\ln(X_{k,\,it}) + \\ &\sum_{m=1}^{7}\beta_{5+m}Ow_{m,\,it}*\ln(Y_{1,\,it}) + \sum_{s=1}^{2}\beta_{12+s}I_{s,\,it}*\ln(Y_{1,\,it}) + \\ &\sum_{m=1}^{7}\beta_{14+m}Ow_{m,\,it}*\ln(Y_{2,\,it}) + \sum_{s=1}^{2}\beta_{21+s}I_{s,\,it}*\ln(Y_{2,\,it}) + \\ &\sum_{m=1}^{7}\beta_{23+m}Ow_{m,\,it}*\ln(X_{1,\,it}) + \sum_{s=1}^{2}\beta_{30+s}I_{s,\,it}*\ln(X_{1,\,it}) + \\ &\sum_{m=1}^{7}\beta_{32+m}Ow_{m,\,it}*\ln(X_{2,\,it}) + \sum_{s=1}^{2}\beta_{39+s}I_{s,\,it}*\ln(X_{2,\,it}) + \\ &\sum_{m=1}^{7}\beta_{41+m}Ow_{m,\,it}*\ln(X_{3,\,it}) + \sum_{s=1}^{2}\beta_{48+s}I_{s,\,it}*\ln(X_{3,\,it}) + \\ &v_{it} - u_{it}\end{aligned}$$

其中，i 和 t 分別代表銀行和時間，$i = 1, 2, 3, \ldots, 106$，$t = 2,009, 2,010, \ldots, 2,013$，解釋變量和被解釋變量及其含義由表 6.1 給出，部分變量採用對數形式，u_{it} 和 v_{it} 定義同上。其中，模型截距項設定為固定效應可以體現不同國別及其宏觀環境因素對銀行效率的影響，同時 9 個虛擬變量的設置不僅可以體現出不同所有制類型或銀行上市狀態對銀行效率的影響，還可以體現出所在地區或國家及其宏觀環境因素對銀行效率影響。利潤前沿模型的待估參數為 α_i 為第 i 個銀行的固定效應，β_{9k-3}，β_{9k-2}，…，β_{9k+2}，β_{9k+3}，$k = 1, 2, \ldots, 5$ 為不同所有制類型銀行的結構參數，β_{9k+4}，β_{9k+5}，$k = 1, 2, \ldots, 5$ 為不同上市狀態銀行的結構參數。其他變量選擇和分析結果與第 4 章相同，故此處不贅述。

若 $\beta_{9k-3} = \beta_{9k-2} = ... = \beta_{9k+2} = \beta_{9k+3} = 0$，$k = 1, 2, ..., 5$，則表明不同所有制類型對銀行利潤前沿模型沒有影響；若 $\beta_{9k+4} = \beta_{9k+5} = 0$，$k = 1, 2, ..., 5$，則表明銀行上市與否對利潤前沿模型沒有影響。若參數 $\beta_6 = \beta_7 = ... = \beta_{50} = 0$，且 $\alpha_1 = \alpha_2 = ... = \alpha_{106}$，例如 Battese 和 Coelli（1995）模型，則可以將所有銀行放置於同一框架下進行分析，否則，可能會因遺漏重要解釋變量而給利潤前沿模型估計帶來偏誤，進而可能影響到無效率模型的估計結果。因此，有必要對這些參數是否為零或相同進行檢驗。此外，在此框架下，若採用超越對數函數形式，模型待估參數將劇增，由於樣本獲取困難，因此模型估計精度會顯著下降，進而影響分析結果。因此，從實證估計結果的角度考慮，該模型設定是合理的。

表 6.1　成本前沿模型和利潤前沿模型的影響指標

變量類型	符號	變量名稱	變量定義
產出因素	Y_1	貸款總額	年末貸款總額
	Y_2	存款總額	年末存款總額
投入因素	X_1	資金價格	總利息支出除以總生息資金
	X_2	人工價格	員工支出除以員工數量
	X_3	所有者權益	年末所有者權益
因變量	P	淨利潤	銀行淨利潤（銀行產出）
所有制類型	Ow_1	虛擬變量 1	1 代表其為中國國有商業銀行，0 代表其為其他類型
	Ow_2	虛擬變量 2	1 代表其為中國股份制商業銀行，0 代表其為其他類型
	Ow_3	虛擬變量 3	1 代表其為中國城市商業銀行，0 代表其為其他類型
	Ow_4	虛擬變量 4	1 代表其為中國農村商業銀行，0 代表其為其他類型
	Ow_5	虛擬變量 5	1 代表其為中國境內外資銀行，0 代表其為其他類型
	Ow_6	虛擬變量 6	1 代表其為印度公共銀行，0 代表其為其他類型
	Ow_7	虛擬變量 7	1 代表其為印度私有銀行，0 代表其為其他類型

表6.1(續)

變量類型	符號	變量名稱	變量定義
上市狀態	I_1	虛擬變量8	1代表其為中國境內上市銀行，0代表其為其他銀行①
	I_2	虛擬變量9	1代表其為印度境內上市銀行，0代表其為其他銀行

利潤前沿模型無效率部分的尺度函數設定如下：

$$h_{it} = e^{\sum_{j=1}^{3} \delta_j Z_{j,it} + \delta_4 t^2}$$

其中，隨機變量 ε_{it} 獨立且服從零均值同方差的分佈，解釋變量及定義參見表6.1，待估參數為 δ_1、δ_2、δ_3、δ_4。無效率部分尺度函數考察了無效率項是否存在異方差現象、是否存在相關性。

t 時點 i 銀行的利潤效率：$0 \leq TE_{it} = \exp(-u_{it}) \leq 1$。

對於成本效率有關模型的構建與利潤效率類似，僅需要將利潤前沿模型中的無效率項改為 u_{it} 即可。

表6.2 利潤無效率和成本無效率部分尺度函數影響指標及其定義

變量類型	符號	變量名稱	變量定義
風險指標	Z_1	資產穩定性	所有者權益與總資產的比例
	Z_2	資產質量	不良貸款與總貸款的比例
	Z_3	資產流動性	總存款與總貸款的比例
時間趨勢	t^2	時間趨勢項	2009—2013 年分別對應取 1 到 5

在銀行投入要素價格的定義上，Mountain 和 Thomas（1999）採用市場平均投入要素價格代替銀行各自的投入要素價格進行模型估計和分析。然而這種做法雖然可以從理論上解決投入要素價格外生性假設問題，但在現實分析中市場平均投入要素價格是很難獲取的，即用幾十家銀行代替將近上千家銀行來計算平均投入要素價格，這一處理方法所產生的誤差可想而知；其次，銀行各自的投入要素價格的制定，例如，資金成本價格從某種意義上說是在中國人民銀行規定的最低存款利率的基礎之上參考市場價格而定的，所以本章仍採用銀行各自的投入要素價格進行分析（姚樹潔，姜春霞和馮根福，2011）。

---

① 例如，若中國境內 A 銀行 2009 年上市，則 $I_{1,At} = 1$, $t = 2,009, 2,010, …, 2,013$；若印度境內 B 銀行 2011 年上市，則 $I_{2,B,2,009} = I_{2,B,2,000} = 0$, $I_{2,Bt} = 1$, $t = 2,011, 2,012, 2,013$。

綜上所述，從第 t 期到第 t+1 期的技術效率變化可以按如下公式計算：
$$TECH_i^{t,\ t+1} = TE_{i,\ t+1}/TE_{it}$$
而從第 t 期到第 t+1 期的技術變化可以按如下公式計算：
$$TPCH_i^{t,\ t+1} = \exp\left[\frac{1}{2}\left(\frac{\partial\ \ln P_{it}}{\partial\ t} + \frac{\partial\ \ln P_{i,\ t+1}}{\partial\ (t+1)}\right)\right]$$

因此，假定規模報酬不變，Malmquist 全要素生產率可分解為技術效率變化和技術變化兩部分。即 $TFP_i^{t,\ t+1} = TECH_i^{t,\ t+1} \times TPCH_i^{t,\ t+1}$。其中，$TECH_i^{t,\ t+1}$ 為從第 t 期到第 t+1 期的技術效率變化指數，其表明在各商業銀行實際技術水準下，從第 t 期到第 t+1 期商業銀行技術有效性變化對全要素生產率變化的影響程度；$TPCH_i^{t,\ t+1}$ 為從第 t 期到第 t+1 期的技術進步指數，表明從第 t 期到第 t+1 期技術有效前沿面的變動對全要素生產率變化的影響程度。

6.2 SFA-Malmquist 全要素生產率實證研究

由於本章重點關注中印兩國境內商業銀行，其中，中國境內商業銀行包括國有商業銀行、股份制商業銀行、城市商業銀行、農村商業銀行和境內外資銀行五類，印度境內商業銀行包括公共銀行、私有銀行和境內外資銀行三類。2007 年中國對上市公司開始實行新會計準則制度，為了統一口徑，本章樣本 2009—2013 年中國境內 72 家銀行和印度境內 34 家銀行[①]，共 530 個觀測值。

在模型設定方面，銀行利潤效率模型中包含了固定效應，儘管固定效應可能揭示出當控制其他影響因素不變的情況下，不同所有制銀行或銀行上市狀態可能對利潤效率產生水準影響，但仍未揭示不同所有制銀行或銀行上市狀態可能導致的不同類型銀行內在運行模式間的差異。因此，我們對該模型的邊際效應是否可變進行了檢驗[②]。若檢驗結果顯示模型應該設定為邊際效應可變的情形，而實際模型卻設定為模型邊際效應不變的情形，則模型可能存在設定偏誤，進而可能導致模型參數估計結果不可靠、檢驗失效等現象。然而，大多數研究不僅假設不同銀行的結構相同，就連截距項都設定為同質的。面板數據模型的一大特點便是不僅能擴充樣本容量，還能較好地反應模型中不同銀行的異質性。再者，由於不同國家商業銀行間規模、業務特色、管理者水準、宏觀政

---

① 本研究共抽取了 48 家印度境內商業銀行，但有 14 家商業銀行的部分數據有缺失，故最終剩下了 34 家印度商業銀行作為分析樣本。

② 這句話也可表述為對兩類模型的邊際效應同質性進行檢驗，兩種說法所表達的含義相同。

策、開放程度、上市狀態等都存在著巨大的差異，因此，在分析銀行效率時對模型進行結構同質性檢驗就顯得尤為重要。此處結構性差異檢驗與第 4 章相同，故不贅述。直接將 SFA 模型實證結果給出。即該樣本表明變量 Y_2 和 X_1 的系數不全為零，因此，模型結構性差異表現在 Y_2 和 X_1 上。

在第 4 章中表 4.6 給出了中印兩國銀行的利潤前沿模型的估計結果，從利潤前沿函數模型迴歸結果可以看出，銀行的所有制類型和上市與否對銀行利潤前沿模型亦產生顯著影響。因此，從迴歸結果可以看出，銀行的盈利模式呈現出一定的結構性差異，此時，若將模型設定為無結構差異，可能會遺漏重要變量進而導致模型估計產生偏誤。因此，從計量經濟學模型分析技術角度出發，可認為在利潤前沿模型中考慮上市狀態和所有制類型對前沿模型產生的結構性差異是合理的。即其迴歸結果表明不同類型銀行的利潤效率模型在變量 Y_2 和 X_1 上體現出了結構差異，若此時將不同類型銀行的利潤效率模型設定為僅在截距項上存在固定效應，而設定變量邊際效應為同質的，勢必引起模型設定偏誤，可能會引起模型分析誤差。最終，通過統計學檢驗後，中印兩國商業銀行利潤效率模型選擇了 5 個解釋變量。

表 6.3　中國境內商業銀行 SFA-Malmquist 指數測度結果

時間	國有商業銀行	股份制商業銀行	城市商業銀行	農村商業銀行	外資銀行	全部銀行	中國國內銀行
2009—2010 年	0.949,0	1.021,6	0.959,6	0.989,8	1.009,8	0.977,7	0.980,0
2010—2011 年	0.982,4	0.885,1	1.041,1	0.965,2	1.113,4	1.011,7	0.968,5
2011—2012 年	0.929,9	1.388,3	1.031,6	1.005,1	0.935,2	1.070,7	1.088,7
2012—2013 年	1.424,5	0.961,7	1.131,9	0.884,3	1.032,2	1.088,7	1.100,6
平均值	1.071,4	1.064,2	1.041,0	0.961,1	1.022,6	1.037,2	1.034,4

中國境內商業銀行和印度境內商業銀行 SFA-Malmquist 指數測度結果分別由表 6.3 和表 6.4 給出。依據表 6.3 測度的結果，2009—2013 年中國商業銀行的全要素生產率年平均值為 1.034,4，表明樣本期內中國商業銀行技術水準是有所改善的，其中 2009—2010 年和 2010—2011 年兩個時期的銀行全要素生產率平均水準低於 1，這可能是 2008 年美國次貸危機的衝擊與國內四萬億刺激所致。農村商業銀行全要素生產率最低，且低於 1，而其他三類商業銀行的全要素生產率均高於 1。

表 6.4　印度境內商業銀行 SFA-Malmquist 指數測度結果

時間	公共銀行	私有銀行	外資銀行	全部銀行	印度國內銀行
2009—2010 年	1.061,9	0.957,8	0.784,4	0.988,4	1.009,9
2010—2011 年	1.065,0	1.105,8	1.540,8	1.126,2	1.085,4
2011—2012 年	1.081,2	1.023,7	0.945,7	1.042,2	1.052,5
2012—2013 年	1.039,6	0.978,4	1.105,6	1.016,6	1.009,0
平均值	1.061,9	1.016,4	1.094,1	1.043,4	1.039,2

　　類似地，依據表 6.4 測度的結果，可以看出，2009—2013 年印度商業銀行的全要素生產率年平均值為 1.039,2，略高於中國商業銀行的平均水準，表明樣本期內印度商業銀行技術水準是有所改善的，樣本期內印度商業銀行全要素生產率平均水準均高於 1。印度公共銀行全要素生產率最高。

　　從整體變動趨勢來看，中國商業銀行的全要素生產率呈現上升趨勢，而印度商業銀行全要素生產率則出現了小幅波動。

6.3　本章小結

　　本章綜合應用結構差異性的無效率擾動項異方差固定效應隨機前沿模型和 Malmquist 指數測度了中印兩國商業銀行的全要素生產率。

　　實證結果顯示，兩國商業銀行的營運模式存在結構性差異，本章進而在考慮了結構性差異的基礎之上測度了兩國商業銀行的 Malmquist 指數。其中，2009—2013 年印度商業銀行的全要素生產率平均水準要略高於中國商業銀行的全要素生產率水準，且均大於 1，表明兩國商業銀行技術水準均有所改善。其中，中國農村商業銀行全要素生產率最低，為 0.961,1，表明其在技術水準方面未發揮明顯優勢。然而，從整體而言，在樣本期內中國商業銀行的全要素生產率呈現上升趨勢，而印度商業銀行全要素生產率則出現了小幅波動。

7 研究結論與展望

7.1 研究結論

本研究在 Wang 和 Ho（2010）提出的無效率擾動項異方差固定效應隨機前沿模型的基礎之上考慮了可能存在的結構性差異，並進行了相應的統計學檢驗；測度了 2009—2013 年中國境內 72 家商業銀行和印度境內 34 家商業銀行共 106 家商業銀行的利潤效率、成本效率、單位成本利潤效率以及 SFA‐Malmquist 全要素生產率；從實證研究的視角分析了影響中印兩國商業銀行效率的主要影響因素；在一定程度上，豐富了前人的研究成果。本研究的主要研究結論可以歸納為以下幾個方面：

（1）利潤效率和成本效率研究結論

在模型設定方面，無論是銀行利潤效率模型還是銀行成本效率模型均包含了固定效應，且兩類模型邊際效應同質性檢驗結果表明，不同類型銀行的邊際效應表現出顯著性差異，即表明不同類型銀行可能存在結構性差異。因此，在模型設定的過程中應考慮模型結構性差異。此外，在兩國商業銀行成本效率和利潤效率雙指標下，採用象限圖法對銀行間綜合效率進行測度，在一定程度上增強了銀行間效率的可比性。

實證研究結果顯示，在樣本期內，中國銀行業平均成本效率水準要高於印度銀行業平均成本效率水準；兩國商業銀行的平均利潤效率水準基本保持恒定，兩者總體未表現出明顯的差異。以 2013 年為例，估計的中印兩國銀行業平均成本效率分別為 91.35% 和 87.24%；平均利潤效率分別為 87.09% 和 88.75%。資產穩定性和資產質量對利潤效率和成本效率產生負面影響。類似地，在中國，大多數商業銀行在一定程度上仍是採用以傳統借貸模式為主的營運模式作為主要的盈利手段，表現為不良貸款占總貸款的比例越大，銀行效率

越低。

　　從所有制類型和上市狀態兩類指標對利潤前沿模型和成本前沿模型的實證結果的顯著性影響可以看出，不同類型的銀行有著不同的成本前沿或不同的利潤前沿。因此，在對成本前沿模型和利潤前沿模型進行設定時應考慮到銀行上市狀態和不同所有制類型可能會對前沿模型的結構產生顯著性影響。其次，固定效應的選取體現出前沿模型在不同銀行間的水準差異。再者，成本無效率和利潤無效率的尺度函數估計結果表明，成本和利潤前沿模型中無效率擾動項是存在異方差的，且不同銀行間的無效率是存在截面相關的，這一結論與 Battese 和 Coelli（1992，1995）關於無效率項獨立同分佈的假設相悖。由此可見，忽略銀行間的差異和相關性可能會引起其前沿模型估計偏誤。

　　最後，研究還發現，上市銀行和非上市銀行在平均利潤效率和成本效率上並未表現出顯著性差異，這可能既與研究樣本中上市銀行和非上市銀行的比例有關，也與中國銀行業尚未形成較為明顯的上市優勢以及不同銀行的業務對象、客戶定位等有所差異有關。但這不能作為銀行業資本民營化對銀行業效率無影響的實證支持。此外，農村商業銀行的成本效率最高，其他銀行間並未表現出顯著性差異。同時，從平均利潤效率角度來看，城市商業銀行表現最為穩定，其他類型銀行呈現出波動性變化。當平均成本效率和利潤效率表現不一致時，象限圖給出了商業銀行的綜合效率排名，2013 年，股份制商業銀行和城市商業銀行綜合效率最高，國有商業銀行表現最差。

（2）單位成本利潤效率研究結論

　　考慮到儘管象限圖法在綜合比較中印兩國商業銀行成本效率和利潤效率時存在一定的優勢，但其仍可能面臨一些難以對比的情形，因此，本研究在第 5 章採用單位成本利潤效率指標測度了中印兩國商業銀行的綜合效率。

　　單位成本利潤效率模型亦存在結構性差異，因此，在模型設定中同樣應考慮模型結構性差異。從實證研究結果來看，中國商業銀行的平均單位成本利潤效率水準總體要略高於印度商業銀行的平均單位成本利潤效率水準，但未表現出顯著性差異。中國商業銀行平均單位成本利潤效率有輕微的下降趨勢。儘管中印兩國非上市銀行的平均單位成本利潤效率水準比上市銀行略高，但未表現出明顯差異，且無論銀行上市與否，兩國商業銀行的平均單位成本利潤效率亦未表現出明顯差異。資產穩定性、資產質量和資產流動性對單位成本利潤效率產生負面影響。在中國，大多數商業銀行在一定程度上仍是採用以傳統借貸模式為主的營運模式作為主要的盈利手段，表現為不良貸款占總貸款的比例越大，銀行效率越低。

2009—2013年中國境內商業銀行的平均單位成本利潤效率相對較為穩定。相對於農村商業銀行、城市商業銀行和中國境內外資銀行的平均單位成本利潤效率水準而言，國有商業銀行的平均效率水準較低，且低於中國境內商業銀行平均效率水準。同時，印度公共銀行和私有銀行的平均單位成本利潤效率水準相對較為穩定，基本處於行業平均水準；印度私有銀行的平均單位成本利潤效率略高於印度公共銀行的平均單位成本利潤效率，印度境內外資銀行的單位成本利潤效率波動較為明顯。除中國國有商業銀行與印度境內外資銀行外，兩國其他類型銀行平均單位成本利潤效率2013年比2012年均有所下降，其中，中國農村商業銀行的平均單位成本利潤效率下降幅度最大，達13%。然而，2013年中國國有商業銀行和印度境內外資銀行的平均單位成本利潤效率分別上漲近10個百分點和17個百分點。2012年，中國國有商業銀行效率最低，為66.34%，其次是印度境內外資銀行，為79.66%；而股份制商業銀行效率最高，為95.31%，其次是中國農村商業銀行，為88.02%。2013年，中國農村商業銀行和中國國有商業銀行效率最低，分別為74.88%和76.12%，而印度境內外資銀行和中國股份制商業銀行效率最高，分別為96.71%和88.77%。總之，中國國有商業銀行的單位成本利潤效率是最低的，印度公共銀行次之，其他類型的銀行效率水準相當。

（3）SFA-Malmquist全要素生產率研究結論

綜合應用結構差異性的無效率擾動項異方差固定效應隨機前沿模型和Malmquist指數從動態角度測度了中印兩國商業銀行效率的變化情況，可對不同時期銀行效率進行對比分析。

從實證結果來看，中印兩國商業銀行的營運模式存在結構性差異，本研究在考慮了結構性差異的基礎之上測度了兩國商業銀行的Malmquist指數發現，2009—2013年印度商業銀行的全要素生產率平均水準要略高於中國商業銀行的全要素生產率，且均大於1，表明兩國商業銀行技術水準均有所改善。其中，中國農村商業銀行全要素生產率最低，為0.961,1，表明其在技術水準未發揮明顯優勢。然而，從整體而言，在樣本期內中國商業銀行的全要素生產率呈現上升趨勢，而印度商業銀行全要素生產率則出現了小幅波動。

（4）來自印度銀行業的一些經驗

中國國有商業銀行和印度公共銀行規模均較大，在一定程度上體現了規模效應，但同時結構過於龐大可能會導致銀行效率難以提升。儘管印度中央銀行開放時間較早、開放力度較大，印度銀行業外資銀行較多、競爭相對較為充分，然而，其銀行效率並不一定比中國商業銀行效率高。印度私有銀行效率比

印度公共銀行效率高，可能跟 2004 年底印度政府放開外資對印度私有銀行持股比例——放寬至 74% 有一定的關係。外資參股比例的增加一定程度上會提升銀行經營、管理方面的水準。印度在金融方面的諸多改革經驗值得中國銀行業參考，如銀行根據自身情況自由選擇發放貸款的對象。然而，印度在取消部分限制的同時，又要確保銀行對農業和小型工業等弱勢對象發放貸款的最低比例。這一做法可能會在一定程度上降低印度銀行業的平均效率水準，但能對經濟社會的發展起到積極的支撐作用。此外，中印兩國商業銀行均可以考慮參考外資銀行的先進管理經驗和經營技術，並結合各自的特點充分發揮各自的優勢，以提升銀行效率。

7.2 提升中國商業銀行效率的措施及建議

我們先對目前中國商業銀行面臨的一些挑戰和問題進行闡述，再針對中國商業銀行所面臨的問題給出相應的對策或建議。希望以此為中國商業銀行效率的提升提供參考。

7.2.1 中國商業銀行面臨的挑戰及問題

當下，國內外環境複雜多變，主要表現為以下幾個方面：

（1）國內宏觀環境

其一，自從 2008 年美國次貸危機發生以來，中國實行了寬鬆貨幣政策，導致整個社會流動性過剩，然而，大量信貸資金並未流入實體經濟而是流入股市或房地產市場，最終催生了 2014 年下半年至 2015 年上半年中國 A 股市場的繁榮景象。加之，2015 年中國部分二、三、四線城市的房地產市場庫存較大，政府呼籲其去庫存，由於中國實體經濟下行壓力較大，2015 年 6 月中國 A 股暴跌，大量資金流入房地產市場，加上房地產開發商虛假宣傳等手段，於是出現了 2016 年上半年房地產市場火爆的景象。房地產市場的過分繁榮，不僅會加大其他行業的生產成本，而且會對實體經濟產生一定的「擠出效應」。

其二，近年來，為了提高整個金融市場資金配置效率，中國政府進一步推進利率市場化改革，這對金融改革的影響深遠，尤其對商業銀行的發展產生顯著性影響。

（2）國際宏觀環境

2016 年 6 月 23 日英國舉行了是否脫離歐洲聯盟的公投，此舉會對貨幣多

元化和貴金屬市場產生一定的影響，通過影響人民幣匯率，最終傳導至中國金融市場，對中國銀行業產生影響。2016 年 11 月 9 日美國共和黨候選人唐納德·特朗普當選美國第 45 任總統。特朗普主政對中國而言增加了諸多不確定性。2016 年 12 月 14 日美國聯邦儲備系統決定加息 25 個基點，對全球金融市場產生影響，並增強了 2017 年加息預期，此外，人民幣匯率對美元持續走低在一定程度上加大了中國國內資本外流壓力。

（3）國內行業環境

近年來，金融脫媒的發展、互聯網金融的興起、消費金融業的蓬勃發展、民營銀行的進入對傳統銀行業產生了較大的衝擊。例如，在受到當下金融管制的前提下，金融脫媒與傳統銀行信用借貸存在顯著差異，資金需求方繞過商業銀行體系而獲得資金供給方的投資，形成了資金位於銀行體系外的循環路徑，此舉對商業銀行的衝擊巨大。又如，結算支付領域原本由傳統銀行借記卡、信用卡和現金支付方式壟斷，如今受到支付寶支付和微信支付的衝擊越來越大。

目前，中國信用體系不夠健全。儘管市場上有些信用評級機構，例如，芝麻信用等依據客戶的購物消費行為進行評級，然而，此類數據仍是數據孤島，該信用體系僅能捕捉個人在其系統中的信用，很難較為全面地反應綜合信用。

7.2.2 對策及建議

（1）完善金融市場建設和實施有效監管

完善金融市場建設能夠有效減少商業銀行面臨的不確定性，也是商業銀行高效營運的基礎。與此同時，合理有效的外部競爭市場環境能夠促進金融資源的有效配置，對商業銀行內部管理和資源配置效率的提升有一定的積極作用。

實施有效監管對建立健全商業銀行的相關法律法規體系有積極促進作用，為營造和諧的外部營運環境提供了保障。尤其是具有針對性的監管方式可以對商業銀行的行為規範起到重要的指導作用。正如第 4、5、6 章分析的那樣，不同類型的銀行具有不同的行為表現，因此，有必要針對不同銀行或不同類型的銀行制定相關有利於其合理運行的規定，合理引導其行為。此舉不僅可以對銀行行為進行規範，還能提高銀行效率，同時要提高商業銀行違法違規經營的成本，並對相關負責人追究其法律責任。

（2）合理開放銀行業

如上所述，銀行間適度競爭能夠有效地提升商業銀行的效率，尤其是商業銀行的成本效率。然而，無論在國內金融市場還是國外金融市場，激烈的銀行競爭勢必會影響到銀行的營運效率。

中國加入世界貿易組織（WTO）之前，中國銀行業基本上對外資銀行實行了嚴格的市場准入制度，維護了國內商業銀行的地位，然而，由於加入世界貿易組織後關於銀行方面的承諾，中國逐步對外資銀行進行開放，外資銀行先進的管理技術和較強的風險管控能力在一定程度上對國內商業銀行形成了挑戰，這一舉措也有效地倒逼國內商業銀行進行適度改革以提升其效率水準。

就國內市場環境而言，儘管 2014 年首家民營銀行獲批籌建，標誌著國內銀行業對民營資本敞開大門，使得市場資源配置趨於合理化，然而，由於民營銀行腳跟未穩，其對傳統銀行仍不構成威脅。因此，長遠看來，適當逐步開放銀行業市場准入制度、營造良性競爭環境能夠有效提升國內商業銀行的資源利用效率水準。

（3）建立健全信用體系

信用是商業銀行發展的基礎，良好的信用環境是商業銀行健康運行的前提。信用體系大體包括政府信用體系、企業信用體系和個人信用體系。首先，政府信用為商業銀行的發展提供了最重要的保證，維護政府信用的穩定對商業銀行效率的提升有重要作用。其次，企業的健康發展離不開商業銀行，同樣地，企業也是商業銀行的重要客戶群體，為商業銀行提供養料。因此，企業信用對商業銀行的高效運行起到了積極作用。最後，個人信用是整個社會信用的基石，其中個人信貸行為在一定程度上影響了商業銀行的良性運作，尤其在中國現階段個人信貸主要集中於住房抵押貸款，雖然中國個人貸款主要是抵押貸款，但如果這些抵押貸款發生大規模違約，其對銀行的影響是不容忽視的。因此正確引導個人信用行為有助於提高商業銀行效率。總之，建立良好的信用環境對維護社會秩序和提升銀行業的效率水準有積極促進作用。

（4）新金融生態圈建設

傳統意義下的金融生態環境有宏觀層面的金融生態環境（廣義金融生態環境）和微觀層面的金融生態環境（狹義金融生態環境）之分。宏觀層面的金融生態環境是指與金融業發展和生存相關且與之具備互動關係的社會和自然因素共同構成的外部環境，其包含與金融業發展相互影響、相互作用的因素，例如政治、地理、人口、經濟、文化等主要因素。微觀層面的金融生態環境主要包含社會法律制度、政策體制、社會信用狀況等諸多因素。良好的金融生態環境是保障金融業良性運行的前提條件，金融業的健康發展也是形成金融生態環境良性循環的基礎。

隨著互聯網技術與傳統經濟的不斷融合，傳統產業謀求發展轉型的意願日趨強烈，如何在傳統產業架構和現代技術之間尋求最佳平衡成為各行各業普遍

面臨的問題，為了解決這一問題強勁需要構建適應當下形勢的新的金融生態環境。尤其是當前互聯網金融業務發展勢頭強勁，「互聯網+」模式被大眾普遍接受，這一革新使得傳統金融銀行經歷了從傳統經營模式到試圖結合大數據技術、人工智能、雲計算服務等互聯網新興技術的思維轉變。

(5) 產權結構優化、改革、治理機制

要繼續深化商業銀行產權結構方面的改革，在此基礎上建立完善的現代商業銀行治理結構。對商業銀行進行產權結構改革的最終目的是建立現代商業銀行治理結構、完善商業銀行激勵和約束機制，減輕商業銀行「委託—代理」行為中產生的道德風險和逆向選擇行為問題，從銀行「內部環境」尋求提高商業銀行效率問題的解決之道。在銀行「外部環境」方面引進外部競爭，例如，外資銀行的引進對國內商業銀行形成了外部競爭壓力，倒逼國內商業銀行進一步深化產權結構改革。

商業銀行的產權結構明確不僅關係到銀行股東的切身利益，也關係到銀行的營運效率。商業銀行需要建立相應清晰的產權制度，模糊不清的產權制度只會增加銀行管理和營運成本，使得銀行效率低下。中國四大國有商業銀行的股份制改革於 2010 年基本完成。商業銀行現代產權制度的建立是現代商業銀行良好運行的基礎。商業銀行現代產權制度改革在一定程度上能夠優化商業銀行內部治理結構和提高資源合理配置效率。

首先，產權制度的明確能夠減少來自政府對銀行經營決策的干預；其次，多元化的產權結構能夠使銀行適應以市場主導的經濟環境，通過適度自由競爭提高銀行經營管理效率水準，充分發揮銀行自主經營和資源合理優化配置的優勢；最後，各類商業銀行可根據其自身特色制定出符合其健康發展的長、短期戰略方向，在力求做大做強的過程中，應注重結合自身整體長遠利益，制定出科學的發展和生存戰略規劃，不應一味追求規模，而應在銀行內外部風險控制和銀行內部治理等方面下功夫。

(6) 銀行資產質量和規模

首先，對所需發放的貸款進行科學合理的歸類，並在發放貸款的過程中對因商業銀行客戶不能及時還貸所產生的信用違約風險採取相應措施進行防範，將貸款損失降至最低。針對不同可能的信用違約風險採取不同的措施，最大限度減少不良貸款數額。其次，在做好商業銀行新增的不良貸款管控工作的同時，仍要試圖積極探索不良貸款處置方式和不良貸款消化渠道，健全商業銀行的內部監控和監管機制，將信用違約風險控制在較低的水準。

不良貸款是影響商業銀行資產質量的主要因素，要從源頭上控制商業銀行

資產質量。例如，企業和個人向銀行申請貸款（信用卡）時，銀行可利用已有信息和社交信息採取大數據分析處理技術綜合評估該貸款申請者的信用和違約風險，根據綜合評估結果決定是否批准對其發放款項及發放的額度。其次，在貸款期內，根據貸款申請者即時消費情況或生產經營行為進行即時分析，針對不同情形採取不同對策，以確保貸款質量，盡可能將不良貸款數額降到最低。最後，在提升商業銀行效率的同時，也要適度控制銀行規模。

（7）轉變經營模式

當下，在諸多因素的衝擊下，銀行經營模式和盈利模式的轉變迫在眉睫。

隨著國內外銀行業競爭越來越激烈，商業銀行曾經的被動經營模式已經不再適用。尤其是互聯網金融的產生對傳統商業銀行的營運產生了巨大的衝擊（如小額貸款和消費貸款方面的衝擊）。根據客戶不同的資金需求場景提供較為個性化的金融服務業務，能夠有效解決客戶資金需求。當前，國內外經濟形勢複雜多變，特別是在國內經濟增長動力匱乏下行壓力較大，且部分城市房地產市場的庫存較大的情形下，商業銀行的房地產信貸違約風險在逐漸加大，為將商業銀行風險降至最低，需優化銀行信貸結構、調整銀行經營目標。盡量減小對高風險貸款項目的信貸投放和資金支持力度，合理優化信貸結構和資金配置效率。

此外，應適當減少對商業銀行的約束。為了充分發揮商業銀行的積極性和潛力，需要政府減少對商業銀行的行政干預。同時，與外資銀行相比，國內商業銀行擁有諸多優勢，例如，國內商業銀行的自動取款機在國內分佈較廣，這是外資銀行短期難以超越的。最後，商業銀行在控制風險的同時，應盡可能使其服務變得便利。

7.3 研究展望

本研究已經從中印兩國商業銀行的利潤效率、成本效率、單位成本利潤效率以及全要素生產率的角度進行了相應研究，但還存在以下的不足，有待改進。

第一，由於收集較為全面的樣本數據是件困難的事，本研究受限於有限的樣本數據量，僅選擇了 2009—2013 年中印兩國 106 家銀行，這導致本研究的樣本容量有限，可在日後研究中對樣本數據進行適當擴充。

第二，在效率模型設定中，主要影響因素的選取方面有待進一步改進，除

了書中所述的影響因素外，仍存在諸多重要的影響因素由於數據缺失等原因未被納入模型。此外，本研究還可以從宏觀角度對中印兩國商業銀行效率進行考量。

參考文獻

[1] 蔡躍洲, 郭梅軍. 中國上市商業銀行全要素生產率的實證分析 [J]. 經濟研究, 2009, 44 (9): 52-65.

[2] 程茂勇, 趙紅. 高利差一定導致低效率嗎？——基於中國商業銀行的經驗數據 [J]. 系統管理學報, 2012, 21 (5): 577-587, 601.

[3] 程水紅. 基於超越對數成本函數的中國商業銀行規模經濟效率實證分析 [J]. 淮北師範大學學報（自然科學版）, 2015, 36 (4): 5-9.

[4] 曾儉華. 國際化經營對中國商業銀行效率的影響研究 [J]. 國際金融研究, 2011 (1): 76-82.

[5] 陳福生, 李婉麗. 外資銀行進入對中國銀行業效率的影響——基於商行 2004—2010 年面板數據的經驗證據 [J]. 投資研究, 2012, 31 (11): 61-75.

[6] 陳敬學. 中國銀行業市場結構與市場績效的實證分析 [J]. 統計研究, 2004 (5): 25-29.

[7] 陳敬學, 別雙枝. 中國商業銀行規模經濟效率的實證分析及建議 [J]. 金融論壇, 2004 (10): 46-50, 63.

[8] 陳敬學. 中國商業銀行的利潤效率：一個理論框架及其經驗證據 [J]. 統計研究, 2009, 26 (7): 63-69.

[9] 陳曉衛. 開放經濟條件下中國上市銀行效率評價與影響因素研究 [J]. 預測, 2011, 30 (1): 40-44.

[10] 劉玲玲, 李西新. 中國商業銀行成本效率的實證分析 [J]. 清華大學學報（自然科學版）, 2006, 46 (9): 1611-1614.

[11] 遲國泰, 孫秀峰, 鄭杏果. 中國商業銀行收入結構與收入效率關係研究 [J]. 系統工程學報, 2006 (6): 574-582, 605.

[12] 崔春燕, 孫濤. 中國商業銀行經營效率分析——三階段 DEA 之應用 [J]. 中央財經大學學報, 2010 (6): 14-20.

[13] 邱勝寶, 齊敏. 印度銀行改革的經驗教訓及對中國的啟示 [J]. 西南農業大學學報 (社會科學版), 2007 (5): 10-12.

[14] 丁忠明, 張琛. 基於 DEA 方法下商業銀行效率的實證研究 [J]. 管理世界, 2011 (3): 172-173.

[15] 董曉林, 金冪, 楊書. 經濟新常態下城市商業銀行效率及其影響因素分析 [J]. 新金融, 2016 (1): 51-56.

[16] 董雪徵, 智立紅. 印度國有銀行公司治理改革及其對中國的啟示 [J]. 經濟與管理, 2009, 23 (3): 23-25.

[17] 郭妍. 中國商業銀行效率決定因素的理論探討與實證檢驗 [J]. 金融研究, 2005 (2): 115-123.

[18] 何蛟. 中國商業銀行效率及其影響因素研究 [D]. 重慶: 重慶大學, 2010.

[19] 黃憲, 王方宏. 中國與德國的國有銀行效率差異及其分析 [J]. 世界經濟, 2003 (2): 71-79.

[20] 李坡. 中國與印度商業銀行效率比較研究 [D]. 武漢: 湖北大學, 2006.

[21] 李希義, 任若恩. 國有商業銀行效率變化及趨勢分析 [J]. 中國軟科學, 2004 (1): 57-61.

[22] 李陽, 童旭紅. 中國、印度兩國銀行監管制度比較及啟示 [J]. 海南金融, 2009 (4): 43-46.

[23] 李揚, 郭睿淇, 李威龍, 林孟熙. 中國與印度銀行產業之群體績效評估 [J]. 應用經濟論叢, 2010 (87): 87-116.

[24] 林炳文. 銀行併購與效率之分析: SFC 與 DEA 方法之比較 [J]. 產業經濟研究, 2004 (1): 17-29.

[25] 林求, 王治平. 中國商業銀行運行效率和獲利效率的實證分析 [J]. 商業研究, 2004 (7): 43-46.

[26] 蘆鋒. 中國商業銀行效率的測度與研究 [D]. 太原: 山西大學, 2012.

[27] 鹿新華. 中國商業銀行效率測度及影響因素研究 [D]. 成都: 西南財經大學, 2014.

[28] 劉偉, 黃桂田. 中國銀行業改革的側重點: 產權結構還是市場結構 [J]. 經濟研究, 2002 (8): 3-11, 92.

[29] 劉志新, 劉琛. 基於 DFA 的中國商業銀行效率研究 [J]. 數量經濟

技術經濟研究，2004（4）：42-45.

[30] 毛洪濤，何熙瓊，張福華. 轉型經濟體制下中國商業銀行改革對銀行效率的影響——來自1999—2010年的經驗證據［J］. 金融研究，2013（12）：16-29.

[31] 金春紅. 中國商業銀行經營效率實證研究［D］. 沈陽：遼寧大學，2014.

[32] 龐瑞芝. 中國商業銀行的效率現狀及生產率變動分析［J］. 金融論壇，2006（5）：10-14.

[33] 錢蓁. 中國商業銀行的效率研究——SFA方法分析［J］. 南京社會科學，2003（1）：41-46.

[34] 錢春海. 中印兩國商業銀行經營效率比較研究——基於群組效率指數的分析［J］. 財經研究，2011，37（12）：12-83.

[35] 秦宛順，歐陽俊. 中國商業銀行業市場結構、效率和績效［J］. 經濟科學，2001（4）：34-45.

[36] 齊樹天. 商業銀行績效、效率與市場結構——基於中國1994—2005年的面板數據［J］. 國際金融研究，2008（3）：48-56.

[37] 邱兆祥，張磊. 經過風險調整的商業銀行利潤效率評價研究——基於隨機利潤邊界方法［J］. 金融研究，2007（3）：98-111.

[38] 邱兆祥，張愛武. 基於FDH方法的中國商業銀行X-效率研究［J］. 金融研究，2009（11）：91-102.

[39] 宋增基，張宗益，袁茂. 中國銀行業DEA效率實證分析［J］. 系統工程理論與實踐，2009，29（12）：105-110.

[40] 譚興民，宋增基，楊天賦. 中國上市銀行股權結構與經營績效的實證分析［J］. 金融研究，2010（11）：144-154.

[41] 譚政勛，李麗芳. 中國商業銀行的風險承擔與效率——貨幣政策視角［J］. 金融研究，2016（6）：112-126.

[42] 譚中明. 中國商業銀行效率分析［J］. 中國軟科學，2002（3）：19，35-37.

[43] 吳華. 提高商業銀行競爭力：市場結構改革還是產權結構改革［J］. 中南財經政法大學學報，2005（1）：95-101，144.

[44] 萬阿俊. 中印商業銀行效率的實證比較研究［J］. 上海經濟研究，2011（4）：41-55.

[45] 萬阿俊. 銀行體系與經濟增長［D］. 上海：上海社會科學院，2011.

[46] 王聰, 譚政勳. 中國商業銀行效率結構研究 [J]. 經濟研究, 2007 (7): 110-123.

[47] 魏煜, 王麗. 中國商業銀行效率研究: 一種非參數法的分析 [J]. 金融研究, 2000 (3): 88-96.

[48] 向力力, 李斌. 銀行併購與銀行效率的分析方法與實證研究 [J]. 上海金融, 2003 (12): 24-25.

[49] 奚君羊, 曾振宇. 中國商業銀行的效率分析——基於參數估計的經驗研究 [J]. 國際金融研究, 2003 (5): 17-21.

[50] 謝朝華, 段軍山. 基於 DEA 方法的中國商業銀行 X-效率研究 [J]. 中國管理科學, 2005 (4): 120-128.

[51] 王兵, 朱寧. 不良貸款約束下的中國銀行業全要素生產率增長研究 [J]. 經濟研究, 2011, 46 (5): 13, 32-45.

[52] 徐傳諶, 齊樹天. 中國商業銀行 X-效率實證研究 [J]. 經濟研究, 2007 (3): 106-116.

[53] 徐輝, 李健. 中國銀行業成本效率實證研究 (1999—2010) ——基於 SFA 測度方法的應用 [J]. 北京理工大學學報 (社會科學版), 2013, 15 (3): 74-83.

[54] 徐忠, 沈豔, 王小康, 沈明高. 市場結構與中國銀行業績效: 假說與檢驗 [J]. 經濟研究, 2009, 44 (10): 75-86.

[55] 楊大強, 張愛武. 1996—2005 年中國商業銀行的效率評價——基於成本效率和利潤效率的實證分析 [J]. 金融研究, 2007 (12): 102-112.

[56] 姚樹潔, 馮根福, 姜春霞. 中國銀行業效率的實證分析 [J]. 經濟研究, 2004 (8): 4-15.

[57] 姚樹潔, 馮根福, 姜春霞. 中國銀行業的改革與效率: 1995—2008 [J]. 經濟研究, 2011, 46 (8): 4-14.

[58] 袁曉玲, 張寶山. 中國商業銀行全要素生產率的影響因素研究——基於 DEA 模型的 Malmquist 指數分析 [J]. 數量經濟技術經濟研究, 2009, 26 (4): 93-104, 116.

[59] 趙瑞. 中印商業銀行效率比較研究 [D]. 成都: 西南交通大學, 2008.

[60] 趙昕, 薛俊波, 殷克東. 基於 DEA 的商業銀行競爭力分析 [J]. 數量經濟技術經濟研究, 2002 (9): 84-87.

[61] 趙旭, 凌亢. 國有銀行效率決定因素實證分析 [J]. 統計研究,

2000（8）：12-17.

［62］趙旭，周軍民，蔣振聲. 國有商業銀行效率的實證分析［J］. 華南金融研究，2001（1）：25-27.

［63］趙旭，蔣振聲. 國有銀行與新興商業銀行效率差異的比較分析［J］. 中國煤炭經濟學院學報，2001（1）：8-14,19.

［64］趙永樂，王均坦. 商業銀行效率、影響因素及其能力模型的解釋結果［J］. 金融研究，2008（3）：58-69.

［65］張健華. 中國商業銀行效率研究的 DEA 方法及 1997—2001 年效率的實證分析［J］. 金融研究，2003（3）：11-25.

［66］張健華，王鵬. 中國銀行業廣義 Malmquist 生產率指數研究［J］. 經濟研究，2010，45（8）：128-140.

［67］張健華，王鵬. 銀行效率及其影響因素研究——基於中、外銀行業的跨國比較［J］. 金融研究，2011（5）：13-28.

［68］張金清，吳有紅. 外資銀行進入水準影響商業銀行效率的「閾值效應」分析——來自中國商業銀行的經驗數據［J］. 金融研究，2010（6）：60-74.

［69］張國鳳，何煉成. 中國商業銀行市場勢力與效率關係研究［J］. 投資研究，2015，34（6）：66-77.

［70］朱超. 中印國有商業銀行經營效率比較研究［J］. 金融論壇，2006（7）：54-59.

［71］朱南，卓賢，董屹. 關於中國國有商業銀行效率的實證分析與改革策略［J］. 管理世界，2004（2）：18-26.

［72］朱南，李軍，吳慶，Wenli Cheng. 中國商業銀行的生產效率和全要素生產力變化探析［J］. 經濟學家，2012（9）：56-61.

［73］鐘齊. 基於因子分析的中國上市銀行經營效率比較分析［J］. 統計與信息論壇，2012，27（8）：50-55.

［74］卓悅. 中國與印度：論外資銀行進入對本土銀行的影響［J］. 現代經濟信息，2014（9）：333-334.

［75］周強龍，徐加. 中國商業銀行的盈利模式與技術效率［J］. 金融論壇，2010，15（6）：43-51.

［76］周小全. 中國銀行業經濟績效決定因素——市場結構與產權結構［J］. 投資研究，2003（7）：2-5.

［77］ABDMOULAH W, LAABAS B. Kuwaiti banks efficiency: an examination of technical and allocative efficiency over the period 1994—2009 [J]. International Review of Business Research Papers, 2012, 8 (5): 123-136.

[78] AKHAVEIN J D, SWAMY P A V B, TAUBMAN S B. A general of method of deriving the efficiencies of banks from a profit function [J]. Journal of Productivity Analysis, 1997, 8 (1): 95-130.

[79] AKHIGBE A, MCNUITY J E. Bank monitoring. profit efficiency and the commercial lending business model [J]. Journal of Economics and Business, 2011, 63 (6): 531-551.

[80] ALHADEFF D A. Monopoly and competition in commercial banking [M]. Berkeley: University of California Press, 1954: 1-87.

[81] ALTUNBAS Y, EVANS L, MOLYNEUX P. Bank ownership and efficiency [J]. Journal of Money, Credit and Banking, 2001, 33 (4): 926-954.

[82] AN Q, CHEN H, WU J, et al. Measuring slacks-based efficiency for commercial banks in China by using a two-stage DEA model with undesirable output [J]. Annals of Operations Research, 2015, 235 (1): 13-35.

[83] BAILEY E E, FRIEDLAENDER A F. Market structure and multiproduct industries [J]. Journal of Economic Literature, 1982: 1024-1048.

[84] BAUMOL W J, PANZAR J C, WILLIG R D. Contestable markets: an uprising in the theory of industry structure: reply [J]. American Economic Review, 1983, 73 (3): 491-496.

[85] BELL F W, MURPHY N B. Cost in commercial banking: a quantitive analysis of bank behavior and its relation to bank regulation [J]. The Journal of Finance, 1969, 24 (1): 144-146.

[86] BENSTON G J. Economies of scale and marginal cost in banking operations [J]. National Banking Review, 1965, 2 (4): 507-549.

[87] BENSTON G J, HANWECK G A, HUMPHEY D B. Scale economics in banking: a restructuring and reassessment [J]. Journal of Money, Credit and Banking, 1982, 14 (4): 435-456.

[88] BERGER A N, HUMPHREY D B. The dominance of inefficiencies over scale and product mix economies in banking [J]. Journal of Monetary Economics, 1991, 28 (1): 117-148.

[89] BERGER A N, HUMPHREY D B. Efficiency of financial institutions: international survey and directions for future research [J]. European Journal of Opera-

tional Research, 1997, 98 (2): 175-212.

[90] BERGER A N, MESTER L J. Inside the black box: what explains differences in the efficiencies of financial institutions? [J]. Journal of Banking and Finance, 1997, 21 (7): 895-947.

[91] BERGER A N, HANNAN T H. The efficiency cost of market power in the banking industry: a test of the「quiet life」and related hypotheses [J]. The Review of Economics and Statistics, 1998, 80 (3): 454-465.

[92] BIAN W, WANG X, SUN Q. Non-interest income, profit, and risk efficiencies: evidence from commercial banks in China [J]. Asia-Pacific Journal of Financial Studies, 2015, 44 (5): 762-782.

[93] BONIN J P, HASAN I, Wachtel P. Bank performance, efficiency and ownership in transition countries [J]. Journal of Banking and Finance, 2005, 29 (1): 31-53.

[94] CAUDILL S B, FORD J M. Biases in frontier estimation due to heteroscedasticity [J]. Economics Letters, 1993, 41 (1): 17-20.

[95] CAUDILL S B, FORD J M, GROPPER D M. Frontier estimation and firm-specific inefficiency measures in the presence of heteroscedasticity [J]. Journal of Business and Economic Statistics, 1995, 13 (1): 105-111.

[96] CAVALLO L, ROSSI S P S. Do environmental variables affect the performance and technical efficiency of the European banking systems? A parametric analysis using the stochastic frontier approach [J]. The European Journal of Finance, 2002, 8 (1): 123-146.

[97] CEBENOYAN A S, COOPERMAN E S, REGISTER C A, et al. The relative efficiency of stock versus mutual S and Ls: a stochastic cost frontier approach [J]. Journal of Financial Services Research, 1993, 7 (2): 151-170.

[98] DEYOUNG R, FLANNERY M J, LANG W W, et al. The information content of bank exam ratings and subordinated debt prices [J]. Journal of Money, Credit and Banking, 2001, 33 (4): 900-925.

[99] DEYOUNG R. Bank mergers, X-efficiency, and the market for corporate control [J]. Managerial Finance, 1997, 23 (1): 32-47.

[100] DRAKE L, HALL M J B. Efficiency in Japanese banking: an empirical analysis [J]. Journal of Banking and Finance, 2003, 27 (5): 891-917.

[101] ESKELINEN J, KUOSMANEN T. Intertemporal efficiency analysis of

sales teams of a bank: stochastic semi-nonparametric approach [J]. Journal of Banking and Finance, 2013, 37 (12): 5163-5175.

[102] FARRELL M J. The measurement of productive efficiency [J]. Journal of the Royal Statistical Society. Series A (General), 1957, 120 (3): 253-290.

[103] FIORDELISI F. Shareholder value efficiency in European banking [J]. Journal of Banking and Finance, 2007, 31 (7): 2151-2171.

[104] HERMALIN B E, WALLACE N E. The determinants of efficiency and solvency in savings and loans [J]. The RAND Journal of Economics, 1994, 25 (3): 361-381.

[105] ISIK I, HASSAN M K. Cost and profit efficiency of the Turkish banking industry: an empirical investigation [J]. The Financial Review, 2002, 37 (2): 257-279.

[106] JACKSON P M, FETHI M D. Evaluating the technical efficiency of Turkish commercial banks: an application of DEA and Tobit analysis [R]. Brisbane: University of Queensland, 2000.

[107] KAPARAKIS E I, MILLER S M., NOULAS A G. Short-run cost inefficiency of commercial banks: a flexible stochastic frontier approach [J]. Journal of Money Credit and Banking, 1994, 26 (4): 873-893.

[108] KOLARI J W, ZARDKOOHI A. Bank costs, structure, and performance [M]. Lexington, MA: Lexington books, 1987.

[109] KUMAR S, GULATI R. Technical efficiency and its determinants in the Indian domestic banking industry: an application of DEA and Tobit analysis [J]. American Journal of Finance and Accounting, 2009, 1 (3): 256-296.

[110] KUMBHAKAR S C, LIEN G, HARDAKER J B. Technical efficiency in competing panel data models: a study of Norwegian grain farming [J]. Journal of Productivity Analysis, 2014, 41 (2): 321-337.

[111] KWAN S H. The X-efficiency of commercial banks in Hong Kong [J]. Journal of Banking and Finance, 2006, 30 (4): 1127-1147.

[112] LANG G, WELZEL P. Efficiency and technical progress in banking empirical results for a panel of German cooperative banks [J]. Journal of Banking and Finance, 1996, 20 (6): 1003-1023.

[113] LEIBENSTEIN H. Allocative efficiency vs. X-efficiency [J]. American Economic Review, 1966, 56 (3): 392-415.

[114] MAGGI B, ROSSI S P S. Does banking consolidation lead to efficiency gains? Evidence from large commercial banks in Europe and US [J]. The IUP Journal of Bank Management, 2006 (2): 7-35.

[115] MAUDOS J, PASTOR J M. Cost and profit efficiency in the Spanish banking sector (1985—1996): a non-parametric approach [J]. Applied Financial Economics, 2003, 13 (1): 1-12.

[116] MAUTIN O K E D. Bank consolidation and scale economies trend of banks in a developing country [J]. Journal of Economic Theory, 2011, 5 (1): 15-21.

[117] BERGER A N, HANCOCK D, HUMPHREY D B. Bank efficiency derived from the profit function [J]. Journal of Banking and Finance, 1993, 17 (2-3): 317-347.

[118] MCALLISTER P H, MCMANUS D. Resolving the scale efficiency puzzle in banking [J]. Journal of Banking and Finance, 1993, 17 (2-3): 389-405.

[119] MILLER S M, NOULAS A G. The technical efficiency of large bank production [J]. Journal of Banking and Finance, 1996, 20 (3): 495-509.

[120] SCHUER P, WAGENVOORT R, O] BRIEN D. The efficiency and the conduct of European banks: developments after 1992 [J]. Review of Financial Economics, 2004, 13 (4): 371-396.

[121] SATHYE M. Efficiency of banks in a developing economy : the case of India [J]. European Journal of Operational Research, 2003, 148 (3): 662-671.

[122] SATHYE M. Privatization, performance, and efficiency: a study of Indian banks [J]. Vikalpa: The Journal for Decision Makers, 2005, 30 (1): 7-16.

[123] SCHWEIGER I, MCGEE J S. Chicago banking: the structure and performance at banks and related financial institutions in Chicago and other areas [J]. Journal of Business, 1961, 34 (2): 201-366.

[124] SINGH P K, GUPTA V K. Measuring technical efficiency of Indian banking sector in post subprime crises scenario: a non parametric frontier based approach [J]. European Journal of Business and Management, 2013, 5 (5): 87-99.

[125] SINGLA M L. A data envelopment analysis approach to measure efficiency and productivity of Indian banks [J]. Golden Research Thoughts, 2014, 3 (12): 1-4.

[126] TANDON D, TANDON K, Malhotra N. An evaluation of the technical, pure technical and scale efficiencies in the Indian banking industry using data envelope analysis [J]. Global Business Review, 2014, 15 (3): 545-563.

[127] TANDON K, MALHOTRA N. A comparative evaluation of efficiency in the Indian banking industry using data envelopment analysis [J]. The IUP Journal of Bank Management, 2014 (2): 33-46.

[128] TSENG K C. Bank scale and scope economies in California [J]. American Business Review, 1999, 17 (1): 79.

[129] TZEREMES N G. Efficiency dynamics in Indian banking: a conditional directional distance approach [J]. European Journal of Operational Research, 2015, 240 (3): 807-818.

[130] WANG H. Heteroscedasticity and non-monotonic efficiency effects of a stochastic frontier model [J]. Journal of Productivity Analysis, 2002, 18 (3): 241-253.

[131] WANG H, HO C. Estimating fixed-effect panel stochastic frontier models by model transformation [J]. Journal of Econometrics, 2010, 157 (2): 286-296.

[132] WEILL L. Measuring cost efficiency in European banking: a comparison of frontier techniques [J]. Journal of Productivity Analysis, 2004, 21 (2): 133-152.

[133] ZHA Y, LIANG N, WU M, et al. Efficiency evaluation of banks in China: A dynamic two-stage slacks-based measure approach [J]. Omega, 2015 (60): 60-72.

致謝

　　關於中印兩國商業銀行方面的研究所涉及的內容較為廣泛，撰寫難度相對較大。鑒於筆者時間、水準所限，書中難免存在一些不足之處，望讀者批評指正。

　　在本書撰寫的過程中，參考和借鑑了中印商業銀行領域諸多前輩學者的研究成果，儘管在書中均已做了相應說明，但難免會出現疏忽遺漏之處，敬請原諒。在此，對這些研究者表示誠摯的謝意。

　　回顧攻讀博士學位以來的研究經歷，相關研究尤其是本書的最終成稿，均離不開黎實教授和朱南教授的悉心指導與真摯關懷。在本書定稿之際，真誠地感謝黎實教授和朱南教授。

　　感謝西南財經大學提供的優良的科研環境、學術氛圍與交流平臺，感謝西南財經大學出版社編輯等工作人員在本書出版過程中的辛苦付出。

筆者
2019 年 7 月 21 日於光華園

國家圖書館出版品預行編目（CIP）資料

中印兩國商業銀行經營效率及全要素生產率比較研究 / 張華節, 李標 編著. -- 第一版. -- 臺北市：財經錢線文化, 2020.05
　　面；　公分
POD版

ISBN 978-957-680-393-2(平裝)

1.商業銀行 2.銀行經營 3.比較研究 4.中國 5.印度

562.5　　　　　　　　　　　　　　109005340

書　　名：中印兩國商業銀行經營效率及全要素生產率比較研究
作　　者：張華節,李標 編著
發 行 人：黃振庭
出 版 者：財經錢線文化事業有限公司
發 行 者：財經錢線文化事業有限公司
E - m a i l：sonbookservice@gmail.com
粉 絲 頁：　　　　　　網　址：
地　　址：台北市中正區重慶南路一段六十一號八樓 815 室
8F.-815, No.61, Sec. 1, Chongqing S. Rd., Zhongzheng
Dist., Taipei City 100, Taiwan (R.O.C.)
電　　話：(02)2370-3310 傳　真：(02) 2388-1990
總 經 銷：紅螞蟻圖書有限公司
地　　址：台北市內湖區舊宗路二段 121 巷 19 號
電　　話：02-2795-3656 傳真：02-2795-4100　網址：
印　　刷：京峯彩色印刷有限公司（京峰數位）

　　本書版權為西南財經大學出版社所有授權崧博出版事業股份有限公司獨家發行電子書及繁體書繁體字版。若有其他相關權利及授權需求請與本公司聯繫。

定　　價：270元
發行日期：2020 年 05 月第一版
◎ 本書以 POD 印製發行